別傻了 這才是博多

屋台・拉麵・耍帥愛逞強……48個不為人知的潛規則

●都會生活研究專案——著
●許郁文——譯

HAKATA
博多ルール

序言

我們「都會生活研究專案」以東京為起點，陸續研究大阪、名古屋、沖繩……以及日本其他地區，沒想到至今已有五年之久。在這五年裡，最令本小組震驚的是，走出東京，有三個地區簡直就和「異世界」一樣。

對於這種不願落入東京等於日本標準的思考模式，僅懷著心中那強烈的鄉土愛來立身處世，種種宛若「異國」、「獨立國家」的表現方式，本小組是深感認同的。以「認同地區主權、實現國內和平」為信念，並且積極實現之，我們相信自己走在正確的道路上！

本系列書籍目前已經出版至第五本，加上這次介紹的「博多」地區，讓本系列更形豐富多元。作為「九州國」之長(領導者)的福岡・博多，其我行我素的作風一定很有看頭，值得讀者一起來探索。

博多有為期二週以上的祭典(而且在祭典期間是放假的)，也可以坐船到韓國吃烤肉，稍不留神，還可能醉臥路邊攤；才剛以為自己被豚骨拉麵包圍，沒想到隨即又開始吃起柔軟的烏龍麵……。

闖進博多的外來客不用花多少時間，就會毫不保留地大聲說：「博多，真是太棒了」。

大阪人視東京為「眼睛上面的腫瘤」，對東京總有一股火燒般的敵意；名古屋人則以自嘲的心態，讓那份對鄉土的愛在胸中悶燒；不拘小節(?)的沖繩人，則對日本本州抱著複雜的心思……。而博多人呢？不用懷疑，他們總是天真爛漫地宣揚對故鄉的愛，即便是令人退避三舍的外來客，博多人也會啟動博愛模式，大聲地對他們說：「歡迎來到博多」！

日本人不是以謙遜為美德，只願說客套話的民族嗎？

我們只能說，博多與之前介紹的京都、東京、大阪和北海道都很不像「日本」。西元五十七年，受贈「漢倭奴國王印」之後，博多這個港口就因紛至沓來的外國使節與貿易商而繁榮，奈良時代，又設立了與諸多外國交涉的太宰府，可說是日本最早與外國文化接觸以及交流的地區。

因為這般文化背景，才讓博多人擁有超脫日本常識的開放主義與快樂主義的氣質嗎？暫時到此為止。讓我們跳過這些有點小複雜的分析，緩緩地沉入那濃得化不開的博多模式裡。這才是在博多的正確生活，也是與博多人交往的正確方式。

都會生活研究專案代表　大澤玲子

目錄　別傻了　這才是博多

交通篇

購物篇

食物篇

街道篇

詞彙・人際關係篇

生活百匯篇

閱讀本書的方法——何謂博多？本書的「博多定義」

博多到底是指哪裡？讓我們從基本中的基本來介紹。

搭乘JR電車來到福岡時，會在新幹線的最後一站「博多」下車（為什麼會是「博多站」，請參考以下的說明）。福岡的市政府不在博多，而是位於福岡（市）。初來乍到時，可要小心別犯下這種初階的錯誤。

「這點事情當然知道啊！」會這樣說的人，如果被問到「那博多到底是哪裡？」反而常答不上來。

正確來說，狹義的博多是指現今福岡市博多區北西部區域。江戶時代之前，博多與福岡是不同的街道，以那珂川為界，東部的博多部因商人叢聚而繁榮，西部的福岡部則以武士聚集而興盛。明治二十一年（西元一八八八年）的市制公布後，曾為了市名要命名為福岡還是博多而爭論不休。雖然最後由日本內務省逕行公告為福岡市，但博多地區（部）的議員卻強烈反彈。最後進行議會投票的結果，福岡市這個名稱僅以一票獲勝，而博多區就此誕生。為了安撫心懷不滿的博多派，才刻意在西元一九八九年九州首次火車開通之際，將該站命名為「博多站」。

但是，這與博多的正式定義還是不同，目前說到博多，通常是指整體福岡市，但日本也有許多人認為整體福岡縣＝博多。

本書原則上根據博多的歷史與正式的定義，將整體福岡市納入博多一詞的範圍，也同樣將住在福岡市的人稱為博多人，若指福岡市之外的居民，則以福岡人一詞強調。

話說回來，這種區分方式充其量只是以語意區分，嚴格來說，將不是來自博多的人說成博多人，或是在不同的情況下使用福岡與博多這兩個詞，都是曖昧不清的說法。還請博多人就這點寬大為懷，放敝小組一馬吧。

Hakata Rules

交通篇

購物篇

食物篇

街道篇

詞彙．人際關係篇

生活百匯篇

潛規則1

不可開私家車去天神區

提到博多最熱鬧的鬧區，絕對非天神莫屬。雖然最近時尚度有點被第五十頁介紹的大名與今泉比下去，但是名牌百貨與時尚大樓林立的天神才是購物天堂，而且也屬於辦公大樓密集、人口稠密的地區。

想當然爾，這樣的都會區定有交通堵塞的問題，尤其是早晚的通勤時段與周末的休假日，天神一帶堵得水洩不通已成常態。常常可以看見等得不耐煩的乘客，在不是公車站牌的地方下車。

若是搭乘公車還可中途下車，但是私家車可就不能丟在路中間不管了。因此，在不管距離多短都以開車為主的地方都市之中，前往天神與博多站周邊時，選擇不開車才是道地的博多流。搭乘大眾交通工具，如電車或巴士才符合博多潛規則。

這裡的交通之所以大打結，主要是因為福岡市的道路設計容易讓車輛匯流到天神（許多巴士也行經天神）。道路狹窄也是原因之一。這與汽車王國名古屋那寬到步行者必須搏命穿越（！）的車道相比，恰可形成強烈的對照。為了疏解交通，市政府不僅與用路人以及公共交通工具公司合作，也重新鋪修道路；但儘管施行了多項對策，還是無法根本地解決問題。

自古以來，博多一直是「時間等於金錢」的商業之都。對於在餐廳門口排隊都不願意的「超性急博多人」而言，堵在路上動彈不得簡直與受拷問酷刑無異。即便是愛車人士，也明白在博多搭乘大眾交通工具逛街是絕對需要遵守的鐵則。

過去福岡市曾為了疏解交通與施行環保政策，而將星期五定為無車日，地下鐵與西鐵巴士也響應市政府，銷售折價一百元的無車日一日乘車券。有些居酒屋還提供憑無車日一日乘車券，就能享受折價優惠的活動，利誘嗜酒成痴（?）的博多人響應疏解交通政策……可惜這個一日乘車券已經停售。不過，我們還可以在周末與國定假日使用價錢相同的「環保地下鐵車票」。

要想善用大眾交通工具，得先好好地確認有哪些划算的車票。

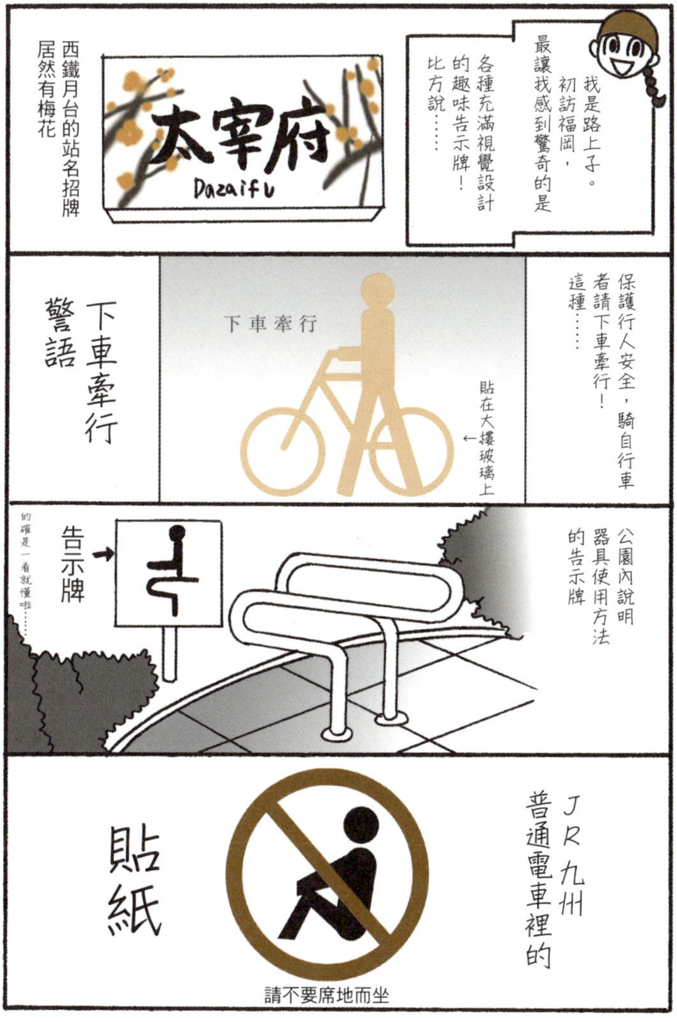
我是路上子。
初訪福岡，
最讓我感到驚奇的是
各種充滿視覺設計的趣味告示牌！
比方說……
太宰府
Dazaifu
西鐵月台的站名招牌居然有梅花
保護行人安全，騎自行車者請下車牽行！
這種……
貼在大樓玻璃上
下車牽行
下車牽行警語
公園內說明器具使用方法的告示牌
告示牌
的確是一看就懂啦……
JR九州普通電車裡的
請不要席地而坐
貼紙

潛規則2

周末的深夜巴士擠滿人！

Hakata Rules

一到周末，福岡附近各縣居民就會湧入福岡，這也是天神區人聲鼎沸的原因之一。路上除了會增加其他縣市車牌的汽車，也會塞滿搭乘高速巴士來到福岡的年輕人。其誇張的程度，會讓人覺得福岡的人口密度，在平日與周末有明顯的差異。

福岡朝聖的序幕在星期五揭開。來自佐賀、大分與熊本的高速巴士會陸續湧入天神巴士中心，博多人口中所說的「鄉下人」（真是失禮！）紛紛地來福（來福岡的意思）。而這些外地人來福岡的目的，則是希望在星期五到星期日這段時間裡，好好享受所謂的博多生活。

購物、周末活動、演唱會……盡情地享受這些休閒樂趣之後，天神巴士中心再次於星期日傍晚陷入人車雜沓的狀態，一部部開回鄰縣的巴士陸續將福岡拋在腦後。巴士中心出現抱著一大堆行李的人龍，這情景宛若一首周末的風物詩。

想當然爾，在博多，周末的飯店是非常難預約的。就平日商務人士密集的商業都市而言，這算是非常罕見的現象，但對福岡的飯店業者而言，周末才是大賺一筆的時候。有時飯店會在此刻哄抬住宿價格，須得留意才行。

順帶一提，常有各種聯盟或政府機關選在周末的博多開會，這也讓飯店的預約變得難上加難。

若想在周末入住飯店，絕對要提早預約，而且也得多方比價喔！

潛規則3

對機場交通便利這件事有點驕傲

Hakata Rules

「福岡機場的交通是日本第一」──

博多人向來為故鄉感到自豪，而且有這個被其他縣市居民稱讚，就會心花怒放的罩門。綜觀日本全國，各地區的機場多半交通不便，而福岡機場的交通卻是世界屈指可數的方便。最接近機場的地下鐵福岡機場站（日本唯一能直接搭乘市營地下鐵進入航廈的車站）到博多站只有兩站，交通時間僅需要五分鐘而已。

福岡機場位於一下飛機，就能立刻到達福岡心臟地區的絕佳地點，來到福岡出差的商務人士與觀光客對此評價甚高。

機場的交通便利還帶來額外的好處：

「福岡的天空很寬闊」

這也是博多人引以為傲的一點。因為機場距離市區極近，所以博多的大樓都有限建高度，不會有四處往上叢生的摩天大樓，自然能保持遼闊的視野。儘管博多是九州首要的都會區，卻能避免淪為都市叢林，可說全拜機場所賜。

因此，初到博多，先對前來接風的博多人讚賞一句：「機場就在市區裡，真的好方便啊～」，絕對可以打動博多人的心，讓彼此聊得非常熱絡喔。

潛規則4

可搭高速船前往韓國

Hakata Rules

博多人對於故鄉的自豪可不限於「天空」。事實上，海上交通也堪稱一絕。

接下來是比較正經的歷史話題。大家還記得在歷史課本裡讀過的「漢倭奴國王印」嗎？中國漢朝皇帝賜給奴國（據說是福岡市隔壁的春日市一帶）使者的金印，其實是在福岡市的志賀島出土的。

換言之，這顆金印正是博多從古至今皆為海外交流窗口的鐵證，其交流據點就在港口（博多港）。博多後來因朱印船[1]貿易而誕生許多巨賈豪商，並以港口貿易而成為繁榮的商業都市。

博多港現在可以說是全世界與亞洲的重要物流據點，但除了商業機能，在其他方面也有活躍的表現。其一是隨時可搭船前往韓國釜山，這可是博多才有的優惠。不但來回船票不到一萬日元，航行時間也不到三個小時，甚至不用在意搭飛機才需要的登機手續，隨時都能來趟國外旅行。

除了二天一夜的韓國釜山之旅，也能來趟當日來回的小旅行。有些大嬸甚至是提著購物袋，抱著「想到對面買點東西的感覺」出發。公司的年度旅遊是韓國的燒肉之旅也算不上什麼特別的新聞。

就連博多名產代表選手之一的「明太子」，也是源自韓國的食物。

博多明太子的元祖店是當地明太子製造商「福屋（ふくや）」（當時為食材專賣店）。創業者是一對夫婦，因為戰敗而從韓國釜山撤退回福岡，將在釜山吃慣的鹽漬鱈魚子，改良成日本口味來販賣，這就是最早的起源。

與東京、名古屋、大阪這類政令指定都市相較，福岡身為國際都市的歷史遠比這些都市淵遠流長。無怪乎博多人的身上總強烈散發著一股歡迎外來客與新事物的開放氣質。

要效法日本第一國際化的博多人氣質時，可別聽到「待會要去釜山吃燒肉！」就大吃一驚。為了隨時能離開日本，誠心建議隨時把護照帶在身上（？）。

我是東京太郎，
從東京調職到福岡
已有一個月，
總算得到與
福岡女性認識的機會！
可惡。大家都注意到她了吧！
人家好想吃美味的燒肉喲～
啊，我來～我來～
我對燒肉有點講究喲！
太棒了，總算等到機會
東京的上○○與kat○○○都有好吃的燒肉店
方便的話，我可以帶妳去
한국에 갈비를 먹으러 가지 않겠습니까?
（要不要去韓國吃 燒肉呀？）
驚!!
日本国
日本国
日本国
唰
唰
唰
隔天
慘敗！
格局完全不同啊
咬牙～
福岡人真是可怕的對手
구이
고기요리

潛規則5

要注意北九州車牌與筑豐車牌

Hakata Rules

福岡縣的車牌分成福岡、北九州、筑豊、久留米這四種，但福岡（博多）司機之間卻流傳著「要小心北九州與筑豊的車牌」的都市傳說（這些區域的詳細說明請參考第八十六～九十頁）。

博多人之間常流傳著：「要是乖乖地按照速限開車，會立刻被按喇叭」、「絕對沒有車子會在沒有交通號誌的斑馬線停下來」，也聽過「要是坐上筑豊車牌的賓士車，所有人都會把路讓出來」的傳說，看來北九州與筑豊車牌的車＝流氓車的印象，已深植在博多人心中。

但要是反問住在北九州與筑豊的居民，他們卻會說「在路上亂闖的是福岡車牌的車吧」。就如第十二頁所解釋的一樣：「平常不太開車，所以很多人都忘記什麼叫做行車禮儀」、「福岡市中心的道路壅塞，所以很容易亂開車」諸如此類的理由。還有隨意剪車、不打方向燈、在高速公路上莫名煞車，種種抱怨層出不窮，雙方說詞使福岡縣完全陷入大內鬥（？）的狀況。

不對，就連北九州與筑豊之間也出現「筑豊的人比較愛亂開車，北九州這邊還算正常」這種加深嫌隙（？）的抱怨，但怎麼看，都只是對自己居住區域的偏愛罷了……。

看來福岡這種因為鄉土（居住區域）愛而展開的「意氣之爭」，會一直持續下去吧。

潛規則6

地下鐵是「HAYAKEN」，JR是「SUGOKA」

ＪＲ各地公司與全國的民營鐵路都發行了IC卡乘車券。其便利性是眾所周知的事實，但如果深入查探乘車券的命名由來，還會發現很多有趣的事情喔。

以博多而言，福岡市地下鐵被命名為「HAYAKAKEN」，ＪＲ九州則命名為「SUGOCA」。「HAYAKAKEN」從二〇〇九年三月啟用，名稱分別由「快速、溫柔、舒適的券」的字首綴成，意思是過去博多腔「很快速」。SUGOCA看起來像是Smart Urban Going Card的簡稱（！），但事實上，這是博多腔「很厲害」的發音。

這種命名方式真的充滿「博多風情」。與關西腔的「要去嗎？」（ICOCCA）（ＪＲ西日本）、Tocai（東海）IC卡的名字為「TOICA」（ＪＲ東海），以及北海道以「北」（KITA）命名的「Kitaca」相較之下，博多人對於鄉土的情感，似乎濃到讓人快無法喘息。或許這跟博多腔那喋喋不休、咄咄逼人的語調有關，若是如此正面而強烈（？）地聽到「sugoka～」、「hayakaken」，恐怕任何人都不得不認同並表態：我知道博多是個很厲害的地方啦……。

順帶一提，西鐵巴士、電車的IC卡乘車券被稱為「nimoca」（這個名字雖然看似平凡，但是含有可以搭乘巴士與電車，還能買東西的意思）。

要想順利搭乘地下鐵與巴士，請務必使用sugoka（&hayaka）IC乘車券！

潛規則7

要熟悉西鐵巴士的路線

「距離最近的站牌——西鐵巴士〇〇站徒步五分鐘」

在房仲業者店裡看到這種房屋資訊，你會怎麼想？

「最方便的交通工具居然是巴士，會不會太偏僻了啊？」如果你是會這麼想的人，很可惜，你對博多的熟悉度還太低。

前面提過，博多的公共交通工具包含地下鐵、電車與巴士，但與東京相較，電車、地下鐵的涵蓋區域是有限的。

因此，博多人最愛搭乘的是西鐵巴士。事實上，西鐵巴士的營業車輛數為日本第一（包含子公司的話），巴士在路面的存在感宛如博多自豪的「路邊攤」一樣強大。

初學者最好先根據終點站確認經過地點，才能早點搭到正確的公車。否則就得張開耳朵，聽清楚公車司機的廣播（據說廣播的聲音會小聲到讓你「必須時時保持警覺、無法打瞌睡」的程度）。再來就是路線的數量恐怕已不可計數（？），所以很多當地人也常常搞不清楚。只能多搭幾次巴士來熟悉路線。

一開始也可先練習搭乘「百元巴士」。這是西鐵巴士長期提供的服務，從JR博多站到西鐵天神站周邊一帶，成人票價一律一百元。巴士路線行經市中心主要車站以及熱門景點，很適合作為熟悉博多大街小巷的方式。這比地下鐵便宜也是一大好處。

那麼，回到開頭房仲業的話題吧。在博多找房子的時候，請務必記得，最划算的是以巴士為主要交通工具的物件，靠近地下鐵車站的房子，往往比行情來得貴上許多。從東京一帶調職來福岡，的確很容易不小心就以地下鐵或電車車站為標的來找房子，但這只能說是渾身外來客氣味的傻瓜行為。

找房子的時候，請先了解巴士的主要車站，等到能靈活地選擇適當的公車路線，自由自在地於博多市街裡漫遊，那你才足以被稱為道地的博多人。

Hakata Rules

交通篇

購物篇

食物篇

街道篇

詞彙、人際關係篇

生活百匯篇

潛規則8

日常購物就到SUNNY或MARUKYOU

博多人平常最愛去購物的在地連鎖超市，不是SUNNY就是MARUKYOU。SUNNY是由當地百貨公司岩田屋超市部門設立的SUNNY株式會社經營，但二〇〇一年被納入西友公司旗下。二〇〇八年更被西友公司完全併購。現在的店名仍保持「SUNNY」，光是在福岡縣境內就有超過八十家門市。

MARUKYOU的前身是「丸共商店」，於一九六四年誕生，以九州北部為主要營業範圍，共有九十三間門市，是在福岡證券交易所上市的在地超市。除了上述兩家超市之外，主要的超市還有西鐵電車的西鐵商店以及走高級路線的BON REPAS。

走進這些超市，最有意思的就是博多特有的食物。其中最容易引起其他地區人們注意的，即是「甘口醬油（あまくちしょうゆ）」。若你先入為主的以為「醬油應該是鹹的啊」，只能請你放棄用一般的社會常識判斷博多的事物。在九州一帶，以濃口醬油製成的甘口醬油到處可見。連沾生魚片的「生魚片醬油（さしみしょうゆ）」，九州版的也像溜醬油[2]般濃稠，而且大部分都是甜的！

請不要覺得「生魚片怎麼可以沾甜醬油……」，甚至排斥它；請務必嘗試看看，那醇厚甘甜的滋味，肯定會讓你一吃就上癮（順帶一提，架上也會出現九州限定版的「九州醬油味」CALBEE洋芋片）。

接著要光顧的是泡麵專區。放眼望去，架上全是印著斗大的「豚骨」包裝泡麵，這可是博多特有的光景。

其中，散發出壓倒性存在感的就是「美味小子（うまかっちゃん）」。這其實是大型食品製造商——HOUSE食品公司製造的泡麵。HOUSE食品為了打開九州的市場而著手開發了豚骨泡麵，到目前為止仍不斷推陳出新，甚至特地請來博多華丸、大吉等當地知名藝人演出廣告。順帶一提，口味強烈的「美味小子 博多辣高菜風味」豚骨泡麵也非常有人氣。

另外絕不能忽略的是MARUTAI推出的「MARUTAI麵條」，這種泡麵銷售至今已長達五十年，是博多泡麵界地位最崇高的商品之一。

最後希望大家注意的是酒類專區，坐鎮在架上的竟是各式各樣的燒酎。福岡最知名的原本是日本酒，如今卻成為九州燒酎王國的龍頭。以麥、芋頭、米製成的燒酎，擁有非常廣泛的產品線。燒酎的種類繁多，大部分的博多人為了多喝多贏（！），會拼命買紙盒包裝的燒酎。還有，甘口醬油意外地與燒酎非常對味！

要想了解博多的飲食特色，請逛逛當地的超市，觀察博多人的消費行為。如果有朝一日，你也開始毫不猶豫地把甘口醬油與紙盒裝燒酎放入購物籃，那代表你已經成為博多人的一份子了。

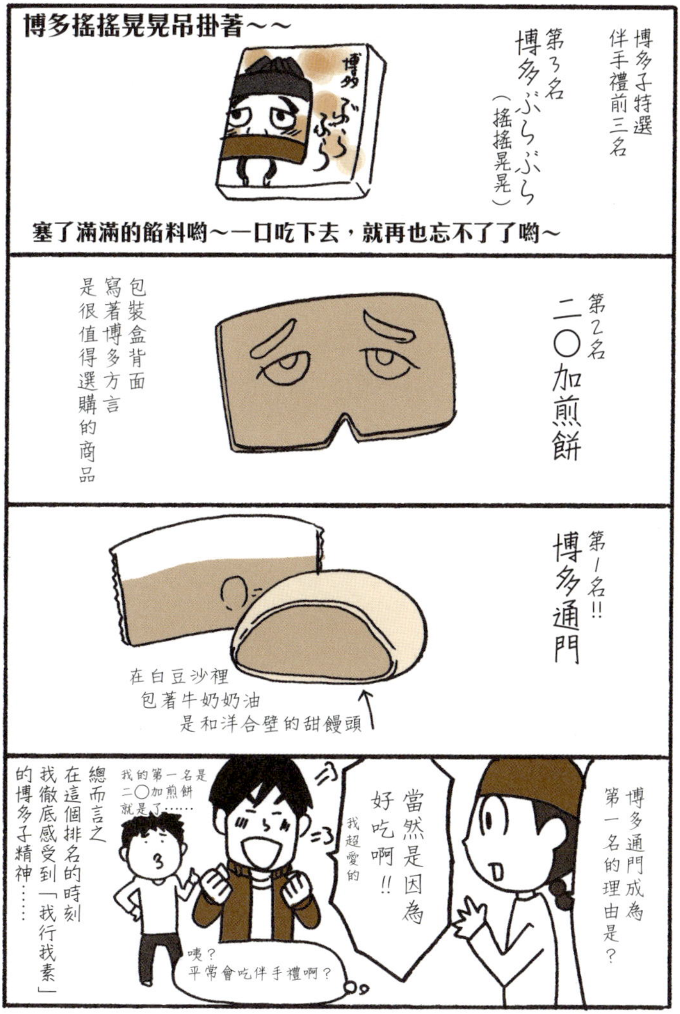

博多子特選伴手禮前三名
第3名 博多ぶらぶら（搖搖晃晃）
博多ぶらぶら
博多搖搖晃晃吊掛著～～
塞了滿滿的餡料喲～一口吃下去，就再也忘不了了喲～
第2名 二〇加煎餅
包裝盒背面寫著博多方言是很值得選購的商品
第1名!! 博多通門
在白豆沙裡包著牛奶奶油是和洋合璧的甜饅頭
博多通門成為第一名的理由是？
當然是因為好吃啊!!
我超愛的
我的第一名是二〇加煎餅就是了……
咦？平常會吃伴手禮啊？
總而言之在這個排名的時刻我徹底感受到「我行我素」的博多子精神……

潛規則9

天神區是購物天堂

Hakata Rules

正如第十二頁所介紹的，博多的購物天堂就在天神區。天神區的特色在於百貨公司與時尚服飾大樓密集，貴婦與銀髮族、辣妹與女性時尚服飾，甚至是男性流行服飾，都能在這裡找得到。若以東京比喻，差不多是新宿、澀谷與銀座三者巧妙混合的感覺。

不過，此處雖然可以滿足各種消費族群，也別不做任何功課就貿然前往，否則可是會落入預料之外的陷阱喲！比方說，進入與自己的風格有明顯落差的店面，不得不鎩羽而歸，或者找不到想要的東西，白白浪費大把時間！想要師法「時間就是金錢」的博多商人魂，就一定得先了解各處店家的特色。

首先要了解的，各式名牌一應俱全的百貨公司非福岡三越、岩田屋本館、大丸莫屬。這些百貨公司鎖定的目標客層多是銀髮族、渾身散發高雅氣質的OL，或是洋溢著名流氣息的親子檔。歲末與中元禮物琳瑯滿目也是特色之一。岩田屋新館與大丸Elgala是同系列的百貨公司，路線較偏隨性風，商品的標價也較親民。

鄰近上述百貨公司的有VIVRE與天神CORE。雖然同樣位於天神區，但陳列的商品截然不同，女性時裝、辣妹流行服飾、型男衣著與二手服飾全部都可在這兩處找到，客群也多屬十～二十歲。要是「三十幾歲」的人不小心踏入這兩處，可能會覺得自己格格不入。特價期間，看到排成人龍的辣妹也是天神區才有的特殊光景喲。

同樣針對女性，但以職業婦女為目標，店內陳列著各種精品服飾的是IMS。Solaria Stage與天神LOFT則可看到許多逛雜貨的年輕人。

除了天神區之外，Canal City博多這類購物中心也不錯，但只有在特價期間才會出現人潮。當地人通常把這個地區當成看電影、欣賞四季劇團公演的場所。

順帶一提，福岡人自豪的在地百貨公司岩田屋，實際上已經歸入伊勢丹旗下，內部也隨之重新裝潢。為了與之對抗，博多大丸與博多三越這兩間百貨公司也遂行改裝。

二〇一〇年PARCO進入福岡搶地盤，阪急百貨又於二〇一一年搶入，使得百貨公司大戰趨於白熱化。為因應「百貨公司的寒冬時期」，天神百貨軍團也更加推陳出新來迎戰。

面對大名、今泉（參考第四十八頁）的精品軍團步步近逼之下，天神區的百貨軍團能否一舉逆轉呢？天神區今後的動向還真是令人期待啊。

現在的福岡男子都在位於大名的門市或店家買衣服喔
例如西大街
來自田川（筑豐）的兩個人
百貨公司都是女孩子的衣服我們怎麼可能去呢！
讀書的時候，每週幾乎都要去博多玩
從田川到博多應該很遠吧？
坐公車大概要一小時半
這麼遠欸？竟然還每週去？
那回去的時候怎麼辦？
深夜巴士？
不會啊，十二點的時候回家就好了呀
沒有巴士了吧？
不會啦，20～30分鐘就有一班！
雖然可以搭電車但巴士比較便宜，也不用轉乘所以幾乎都是坐巴士
哈哈哈哈
窮人有窮人的方法啦
哈哈哈哈
不好意思…我一直以為鄉下＝公車班次很少…
例如2小時1班
這麼多的班次就是乘客很多的證據博多的磁吸效應真是可怕啊！

潛規則10

在小倉會說：「去大街逛逛」

本書第八十八頁將介紹的是，即便同樣位於福岡縣，每個區域也各有個性。同樣都是購物資訊，卻都充滿了該區域才有的特色。

將北九州市、久留米市視為地盤的百貨公司為井筒屋，目前已在北九州設立三處店面（包含井筒集團的Colet），也在山口設有兩處店面。

遺憾的是，二〇〇九年飯塚井筒屋與久留米井筒屋相繼倒閉（「井筒屋，再加把勁吧！」by北九州人們），但當時的確是在地人自豪的知名百貨。

當時，挑選歲末禮物、中元禮物與稍微豪華的禮物時，容易犯下「唯有井筒屋」的錯誤。看著家裡成堆的井筒屋包裝紙與紙袋，一邊自嘲：「博多有很多家井筒屋還真棒」，正是北九（北九州）人們的日常旁白。

順帶一提，小倉一帶的人會將去市中心購物說成「去大街逛逛」，而此目的地即是複合式商店「chachatown小倉」（源自北九州腔的語尾「cha」）、「RiverWalk北九州」以及井筒屋周邊。

此外，若想採購北九州的山珍海味，就得前往被譽為「北九州廚房」的旦過市場。

其實北九州有許多足以令人誇口的鄉土美食，例如合馬的竹筍與小倉牛。博多人以「因為接近海邊所以美味」的魚而驕傲，北九州人則自負地認為：「北九州的魚才是最道地、最美味的」。此外，被譽為博多名產的路邊攤，在旦過一帶也很有名，最大的特色就是不賣酒，改賣萩餅的路邊攤。

因此，若想進一步挖掘福岡之美，就請移步至北九州！話說回來，即使北九州人可能會去博多，但不把「北九放在眼裡」的博多人，難得會踏入北九州的地界就是了……。

東京某大學迎新聯誼
熱絡
你來自哪裡？
大阪喲
真的啊？
熱絡
那間高中的網球隊好強耶
咦？來自福岡？我也是捏～
福岡的哪裡啊？
同鄉意識湧現
啊，我來自博多區
蛤!!
是……
是都市男孩啊！
博多是大都市啊 怪不得你那麼有型 我只是個鄉下小孩
可是我們鄉下也是有「chachatown」這種好玩的地方喔！
超級競爭意識
完全無視
我是住在笹塚！
※真人實事如實呈現

潛規則11

不會盲目追逐東京的流行或名牌

相對於各地方都市的「微東京化」趨勢，福岡、博多有著「能在東京流行，不一定能在我們這邊流行」、「不會盲目追逐名牌」的抵抗力。

正因為如此，企業每次要調查下一波流行風潮時，都會刻意挑選福岡（反之，要調查商品能否順利被消費者接受時，會選擇時尚品味較為保守的名古屋）。

的確，若是觀察大名或今泉街上的女性，會發現她們各有獨到的韻味，恰巧與迷戀品牌與流行文化、且氣質重疊性極高的名古屋女性形成明顯對比，也與性喜金屬製品與花俏亮色的大阪人完全不同。她們呼籲「向有個性的巴黎女性學習時尚品味」（這麼說是有點超過啦），似有若無地發揮自我特色，正是博多流的時尚品味。你問我實際上時不時髦？呃……那就見仁見智了吧，總之博多女性隱約有種「絕不於名牌與流行隨波逐流！」的灑脫氣概。

除此之外，有一些值得深究的資料，足以印證博多人的時尚度。

在眾多博多人引以為傲的鄉土特色之中，有一項是「美容院非常多」。「大名一帶擁有日本最多的美容院」、「南區大橋那邊美容院多如牛毛」，這類美容院密集的情報從未停歇。實際以每萬人從事美容業的人口進行比較，「福岡市」的排名緊接於「東京二十三區」。

完全沒想到福岡市能把大阪與名古屋拋在後面，成為僅次於東京的第二名！這代表，從事美容業的人很多＝在意自身時尚度、重視自我個性的人很多，所以才會出現這麼多家美容院，也不難推測福岡市就是有這麼多「講究時尚的女性（男性）」常常會去美容院。

有時還能聽到一些有關女性的資訊，例如「福岡市的女性多數住在自家，所以可支配的金錢較多」，或是「博多女性多於博多男性，為了生存（為了嫁出去），才會對時尚如此狂熱」。

在如此不景氣的世道，以及優衣庫這類快速時尚甚囂塵上的情況，博多人那股追求自己就是時尚的熱情，似乎不見任何冷卻的跡象。

○○美容院
我是浪花花子是一名在大阪稍具知名度的美容師！
為了一試身手，刻意來到美容院一級戰區的福岡，對於自己是否能在此地吃得開，心中仍是不安！
今天要燙這種捲捲髮
咦？這位客人三週前才來過吧！
今天麻煩幫我re-touch
※ re-touch
就是重新補染髮色
讓染色部分與新長出來的黑髮
不會出現差異的技巧
才這麼點顏色不一樣就來補染，對時髦還真是有熱忱
在大阪的話，一堆人根本不在意變成布丁頭……
請剪5公釐就好
5公釐？
剪這麼一點根本看不出差異啊
雖然很想用力吐槽，但這就是博多獨一無二的時尚魂吧……

潛規則12

去大名、今泉購物的人比去天神的人多

Hakata Rules

從購物天堂天神區向西走，就會進入每幾步就有名牌門市的區域，那裡就是大名。若以東京比喻，大致與下北澤或吉祥寺這類區域相似。

最明顯的特徵，就是於全國設店的「BEAMS」、「JOURNAL STANDARD」與「SHIPS」這類店家特別多，也有很多能擄獲年輕人心理的古着與音樂。同時還有適合學生消費的平價居酒屋，可說是一塊從白天到夜晚、都極具消費價值的區塊。順帶一提，從「大名[3]」這個名字就能推測，這個地區源自早期福岡藩的重臣聚集之地——大名町。

與大名並駕齊驅，在年輕人之間很有人氣的是今泉與藥院。與大名相較之下，創意小店較多為其特徵，也有許多光從外表看不出在賣什麼的低調店家。

路上邊走邊買的購物客也散發著獨特個性的氣質，若以東京比喻，這地區像是有點悠哉(?)的代官山吧。

如果想體驗一下成熟的氛圍，則可去以四十歲以上消費群為目標的赤坂。若想一嘗成人氣氛，則可往中洲進擊。從江戶時代開始，這地區就以連接博多與福岡(博多與福岡的定義請參考第八頁)而繁榮，知名度也非常高。或許是因為招待客人的需求降低，這裡已被其他地區奪走往日風采，但唯一不變的是，這裡仍是博多最熱鬧的娛樂區之一。

若想體會一下平價氣氛，則建議前往西新。這地區屬於學校密集區，例如修猷館高中與西南學院大學，所以適合學生的平價居酒屋或店家也很多。一過中午，被稱為推車部隊的叫賣大嬸紛紛於商店街集結，消費者可抱著懷舊氣氛享受購物之趣。

博多的優點就是容易前往個性如此豐富的購物區域。在天神、大名與今泉這些地區逛街不需耗費多少時間，因此也很有可能會發生在約會時，不小心撞見公司熟人等糗事……。

若願意承擔這等風險，在上述這些區域逛一圈，定能充份體會到博多人口中的「有點都會氣息又有點鄉村風味的博多」。

Hakata Rules

交通篇

購物篇

食物篇

街道篇

詞彙．人際關係篇

生活百匯篇

潛規則13

拉麵就是要「硬」

「博多好吃的拉麵店在哪裡？」

若這麼問福岡人，問幾次就會得到幾次錯誤的答案。

要請大家注意的是，（向他人）推薦的店與（自己）喜歡的店是不同的。如果對象是初到的外地人，博多人會推薦大眾口味的店家，但如果是自己要去，則會選擇堅持正宗博多口味的店，而不是以知名度高低作為選擇標準。

「東京人還真是厲害耶，不排隊就吃不到好吃的拉麵嗎？」這種若無其事的從容與我行我素的口吻，就是博多人會說的話。前面的篇章一再提及，博多人很喜歡說：「誰會盲目聽信流行與名牌啊！」這也是博多人的志氣展現。

若一定要舉出博多人對拉麵的共通喜好之處，大概就是喜歡偏硬的麵條（尤其是男性）。博多拉麵通常使用細麵條，很容易就泡軟，所以才會選用硬一點的麵條。

在博多，麵條最普遍的選擇是標準硬或是超硬。選擇超硬（在之後介紹的創始長濱屋稱為「NAMA」）麵條有「TUYATUKETOU[4]」（博多腔的「耍帥」之意）的心理，但請將這點解釋成博多男子的尊嚴吧。「竟然點超硬麵，在地人就是不一樣啊！」如此對博多男子投以讚許才算是真正識相喔。

福岡境內有許多排隊人龍連綿不絕的知名拉麵店，其中一間「元祖長濱屋」非常獨特，連吃拉麵的步驟都有特別的規定。首先於類似組合屋的店外排隊，然後聽從店員的引導購買餐券再進入店內。在店裡會聽到店員依照來客人數向廚房大喊：「〇〇拉麵幾碗！」等到客人入座時，拉麵通常也已經盛上桌了。

喔，好快……。

如果想要挑選麵條的硬度（軟、硬、超硬）與油量（油膩、普通、無油），一進入店裡就要立刻跟店員說：「油膩超硬」或「無油硬」。這種點餐方式雖然不適合「從容地按照自我節奏吃麵」的人，對性急的博多人而言卻不失為一套完美的用餐機制。

此外，博多拉麵特有的「加麵」系統也是由「元祖長濱屋」率先導入。若打算加麵，最好是在第一球麵快吃完之前告訴店員，湯頭才不會冷掉。偶爾若想稍微奢侈一下，不妨考慮考慮「加肉」（再一份叉燒）的選項。

吃博多拉麵要以「硬度」一決勝負，然後迅速掃空額外加點的麵球，再快步走出店外。請記得，這才是九州男兒最霸氣的博多拉麵吃法。

福岡人應該都對拉麵有著異樣的堅持
異口同聲
也有無法當主食的拉麵喔！
無法勝任主食的拉麵？
那是什麼？
超臭超濃味道超濃重的豚骨拉麵才能是主食喔！
要吃主食拉麵的話，我最喜歡大砲拉麵了！
口水直流
口水
直流
久留米的豚骨拉麵就是這種口味
順帶一提，久留米就是豚骨拉麵的起源地！
喝完酒之後吃的「結尾拉麵」是無法成為主食的清爽系豚骨拉麵。麵量也較一般的少
蛤？
是將拉麵裝在另一個胃的感覺嗎？聽起來像是飯後甜點拉麵……
肯定貌！
鏘
而且，是男子漢就一定要「加麵」！
鏘
沒加麵就不算是男子漢！

潛規則14

拉麵是「宴會結束」的訊號

Hakata Rules

當博多的宴會正值酒酣耳熱之際，某個人突然含糊地說了句：

「差不多該去吃拉麵了吧？」

若只懂得照字面解釋這句話，代表你對博多的熟悉度還很低。這句話的真正意思是「聚會差不多該散了」的暗號。因此，若聽到「收攤拉麵暗號」，就接著說：「哎唷，今天真是愉快耶。有機會再約出來喝一杯吧～」或是「咦～要結束了，還真是可惜啊～」才是識相的回應。

因應這類需求，博多有許多拉麵店營業到深夜，有些店家甚至只在晚上營業。對博多人而言，拉麵店＝宴會結束後，半醉半醒時去的地方。

話說，其他地區的人常以為「博多拉麵＝豚骨拉麵」，但豚骨拉麵的起源地是久留米的說法最為可信（久留米人與北九州人百分之百地相信這個說法）。可以佐證的特徵之一，就是久留米拉麵裡的豬油多而濃郁，麵條也不像博多拉麵那麼細。

是的，雖統稱「豚骨拉麵」或「九州拉麵」，但每個地區與每一間店都有些細微的差異，這也是得特別注意的部分。話說回來，反正是醉得差不多才去吃的東西，應該吃不出什麼明顯的差異吧……。

福岡人對
拉麵的吃法
有其講究之處
①第一步
超硬麵
好唷
客製化點餐
※以長濱拉麵為例
②配料只有
芝麻與蔥花
喀啦
③先嘗拉麵
原本的味道
蘇嚕
蘇嚕
這個時候
先還不要吃叉燒
④麵湯
先喝一半
咕嚕咕嚕

⑤麵快吃完、請店員加麵的時候
硬麵
這時候湯已經有點冷掉所以只點硬麵也沒關係。因為知道長濱拉麵的麵條比較細、很容易泡軟所以才這樣點餐！！
⑥在變淡的湯頭裡倒入「拉麵醬汁」
這是超濃的拉麵醬汁通常會擺在桌上
⑦後來加入的麵球與湯頭都吃到一半之後
大塊
朵頤
此時才是吃叉燒的最佳時機
⑧最後再配上高菜（一開始就放高菜，高菜的味道會喧賓奪主，搶走麵湯的鋒頭）
噗
哇
在不同階段享受著不同層次的香氣！吃飽喝足啦
您真內行！

潛規則15

烏龍麵就是要「軟」

博多有間怎麼吃也吃不完的奇妙烏龍麵店。

這可不是什麼都市傳說喔。提供這道不可思議的烏龍麵，就是分布在福岡境內的烏龍麵連鎖店「牧之烏龍麵」。這間烏龍麵的最大特色就是麵條超級軟。點餐時，可依照烹煮的時間長短選擇「硬」、「普通」、「軟」三種麵條，但「普通」的麵條其實已經很軟，端上桌的時候幾乎都要泡到「軟爛」了。

麵條吸湯的速度也是其快無比的！要是慢慢地吃，湯很快就會被吸到見底，烏龍麵則因吸了太多湯汁而變得白白胖胖一大碗。若想深刻體驗麵條自動增生的經驗，別懷疑，就點份「大碗海帶芽烏龍麵」吧，屆時不只烏龍麵會增加，保證連海帶芽也隨之增生，要吃完整碗麵就好像得走過一條佈滿荊棘的險峻道路。

對此，「牧之烏龍麵」的店家當然不可能袖手旁觀，所以才會在桌上擺著加湯用的茶壺。只不過在吸了湯汁而變多的烏龍麵裡加高湯，有可能會陷入麵條無限增殖的悲情漩渦！

其實這種軟烏龍麵的粉絲很多，……這樣說可能是為了維護「牧之烏龍麵」的名譽。

不對，正確來說，博多人心目中的烏龍麵就是該「軟」。能同時愛上硬拉麵與軟烏龍麵的博多人，還真是讓人難以理解。請您務必了解博多人這個偏好，也千萬別在大庭廣眾之下脫口抱怨：「這碗烏龍麵泡得太軟了吧！」

潛規則16

吃烏龍麵就要盡情地加蔥&天婦羅花

Hakata Rules

第六十頁介紹的免費加湯服務（by「牧之烏龍麵」）並不算是常例，但是「蔥花隨便加」卻是博多烏龍麵店的共通之處。

走進烏龍麵店，肯定會在桌上看到盛滿蔥花的容器（一定是博多萬能蔥）。只要烏龍麵一上桌，就會見到博多人不慌不忙地將蔥花倒入碗中。每個人倒的份量不一定，不客氣地倒了大半碗蔥花的也大有人在。

「喂喂，這豈不是變成蔥花烏龍麵了嗎？」雖然想如此吐槽，不過店家並不會為此多說一句，因為這在博多可是極為普遍的光景。

有些店也提供「天婦羅花（炸麵衣）隨意加」的服務。或許您會擔心，在關東一帶，「狸貓烏龍麵」可是會因著天婦羅花而酌量加價，但是不在意這點瑣碎小事正是博多流的特色。

從上述兩點可知，博多的烏龍麵店每天都會消耗大量的蔥花與天婦羅花。

為什麼提供蔥花隨便加的服務？理由不得而知。總之在博多最流行的「丸天烏龍麵[5]」與「炸牛蒡烏龍麵」這類有薩摩風味炸「天婦羅」的烏龍麵裡，放入一堆蔥花可是絕配喔。

在博多，拉麵店都會在桌上擺紅薑、白芝麻、高菜，讓客人隨個人喜好搭配。雖然要另外收費，但有些店家會像第五十四頁介紹的提供「加麵系統」，有些店家還有「加肉系統」，絕對是非常划算的。

來到博多之後，請隨個人喜好加上配料，打造一碗自己獨創的烏龍麵或拉麵吧。討厭既定口味，習於我行我素的博多人氣質也在這方面表露無遺呢。

蔥花隨便加！
天婦羅花隨意加！
是豪氣的博多人
特有的
烏龍麵規則
一定有
博多之子
是為此而去的
博多山笠的樣子
咚
咚
蔥花
FYJD的樣子
（指福岡雅虎日本巨蛋）
Bo——om
天婦羅花
其他個人風
也有人將配料
玩得如此……
盡興啦
二〇加煎餅的樣子
木耳
蛋
紅薑
塔摩利[6]的樣子
高菜
自備的海苔（笑）
紅薑

潛規則17

提到串燒就想到「豬五花」

Hakata Rules

若問何物堪稱百搭的下酒菜，那當然非串燒[7]莫屬。不過絕對要注意的是，當博多人說出「好想吃串燒啊～」，他們心裡想的可絕不是「雞肉」。

證據之一，就是想吃串燒的博多人，會在店裡慢條斯理地對店員說：「先來五花十支！」要是此時你問：「怎麼不是雞肉？」又或者問：「五花是？」可就盡顯外地人的無知囉。博多人口中的「五花」，顧名思義就是豬五花，也就是將豬五花薄片串在竹籤上的串燒。

博多人大多喜歡串燒，但最喜歡的就是豬五花。走進其他區域的串燒店，第一眼先看菜單上有沒有「五花」，簡直是博多人的本能反應。

點菜後，店員會將生鮮高麗菜切片端到客人面前。在爽口的生鮮蔬菜淋上三杯醋這類醬汁正是博多流的吃法。要請大家注意的是，這裡的高麗菜其實是用來鋪墊串燒的。因此，不管再怎麼愛吃高麗菜，也不能吃個不停；一邊兼顧串燒烤好的時機點，一邊吃高麗菜才是博多人心中道地的做法。

諸如此類的飲食重點，還包括福岡的串燒以鹽味（部份是醬味）為主，有些店家則用洋蔥代替串燒上的蔥段。雖然只是些許差異，但為了避免在喝酒的場合裡露出困惑的表情，還請大家務必先把這些重點記在心裡囉。

潛規則18

提到肉就想到雞肉

Hakata Rules

雖然才在第六十六頁中提到豬五花是非常有人氣的串燒，但其實雞肉的消費量之高，也是福岡獨有的特色。

根據日本總務省統計局二〇〇四～二〇〇六年、平均家計調查品項類別資料，福岡市每家每戶年均雞肉消費量，居然高居全國第一名！換算之下，每月平均消費量為一・四公斤，可說是日本第一雞肉愛好縣。深究其理，除了福岡人愛吃串燒之外，可能是因為福岡有許多鄉土料理也使用了雞肉。

最具代表性的料理，就是使用連皮帶骨整塊雞肉的水炊雞肉鍋。這種火鍋與博多知名鍋物料理內臟鍋地位相同，當地人也常在家裡自行烹煮。此外，以雞肉搭配蔬菜燉煮而成的GAME煮（在日本稱為「筑前煮」）也是新年年節料理中不可或缺的鄉土料理。而就一般的家庭料理而言，以蔬菜搭配雞肉的「DABU濃湯」，也是使用雞肉煮成的。

到了超市熟食區一定要買的是雞肉御飯糰。這是一種以雞肉什錦飯捏成的飯糰，在博多可說是最具人氣、猶如御飯糰之王的存在。這種雞肉御飯糰在便利超商的氣勢，壓倒性勝過鮪魚或鮭魚等全國性的魚料，教人不注意也難。

當您習慣博多的食物之後，冰箱肯定隨時都會備有雞肉。與朋友烤肉時，也一定要記得準備雞肉，這樣才是比較受人歡迎（？）的做法喔。

潛規則19

不會想在餐廳門口大排長龍

博多一帶有許多平價又美味的在地美食，例如串燒、內臟鍋或是拉麵，但是不管價錢多便宜，味道一定要好；就算味道不錯，價錢太高也是不行。恰如其分的價錢換到恰如其分的美味，是博多餐飲店的及格標準。

說是「恰如其分」，但博多的食材素來平價又新鮮，因此博多人對食物的要求很高。何況博多人從不對名牌或流行盲從，所以也不輕易相信雜誌或電視介紹的飲食資訊。他們或許會為了嘗鮮而去新開的餐廳，但如果味道與價格不夠理想，就會立刻將餐廳列入不再光顧的黑名單。

大排長龍的餐廳很少，是博多餐飲界的一大特色。如果看到知名拉麵店門前大排長龍，絕大部分應該都是觀光客。對個性急如風火的博多人而言，能讓他們想排隊的店家少之又少。話說回來，在他們心目中根本沒有「排隊等吃」這個選項。「沒將菜單陳列在外面的店家不去」也是特徵之一。就算要吃路邊攤，他們也會機敏地避開以觀光客為目標的店家，選擇可從容悠哉享受美食的店家。博多人對這件事的嚴格度，與同是商人小鎮的大阪是一樣的。

博多人憑藉著自己的嗅覺而建立起在地人的美食情報網絡，而支撐分店經濟（參考第一五二頁）的商務人士情報交流，對此也貢獻不少。因為將來到博多參觀的總公司高層帶去好吃的餐廳，是博多商務人士的首要任務（！），這也間接導致博多美食的生存之戰更加白熱化。

潛規則20

無法理解加了烏龍茶稀釋的燒酎

在博多提到酒，那當然是指燒酎！

因此，大部分的博多人在飲酒的場合喝過啤酒之後，就會開始喝起燒酎，簡直是一套標準的宴飲流程。話說回來，該喝什麼燒酎？又該怎麼喝？其中可是隱藏著一些規矩的。

最最需要注意的就是──「別點什麼烏龍茶稀釋的燒酎」。

在東京一帶，「烏龍茶燒酎[8]」是商務人士心目中的王道飲料。向店員同時點整瓶燒酎與稀釋用的烏龍茶是理所當然的。

可是，在博多不可能向店員點這種組合，別說菜單裡沒有烏龍茶燒酎，就連烏龍茶組合也沒有。當然也可以刻意告訴店家：「我的燒酎要用烏龍茶稀釋」……畢竟，博多這塊土地向來對外來客多一份寬容，博多人也絕不會在一旁冷眼看笑話……的吧。

同樣的，「用熱水兌燒酎，再放顆梅乾」也是危險的台詞。雖然很少店家會拒絕在燒酎裡放梅乾的要求，但肯定會給出「這人還真是不懂燒酎啊！」的評語。另外，在聚餐時只喝啤酒，也會有被排擠的風險喲。

在博多最流行的燒酎喝法，不是兌水就是加冰塊。就算是女性團體，也不會點甜甜的沙瓦[9]與調酒，而是點整瓶燒酎加水、加冰，然後大口大口地飲盡杯中物，這在博多也是稀鬆平常的風景喲。

博多人的酒量本來就很好（不過也因人而異），當他們來到東京，對於「為什麼東京人酒量這麼差」這點大吃一驚的不在少數。傳言博多人對於真的有人實踐「休肝日」，感到非常驚訝（我想那只是喝太多吧……）。

為求周全，博多人向來大方地接受來自其他區域的人們與新事物，不會對不擅喝酒的外來客催酒，當然更不會挑剔他們喝燒酎的方法。

如果想進一步融入博多社群，請務必試試博多流燒酎飲法，此時肯定能利用「博多的燒酎好喝嗎？」的話題炒熱氣氛，也能大幅增進彼此的熟絡。

我是來東京念大學的博多人A君
喝酒我只喝燒酎
在東京的某間酒吧裡
啊，我點生啤酒
我也是
我要梅酒蘇打
那個，我要卡魯哇牛奶
咦？怎麼點這種女孩子喝的東西？你不是只喝燒酎嗎？
囉嗦什麼
這也在燒酎的菜單裡
對我來說調酒是軟性飲料才不算是酒呢！
真是莫名其妙的堅持耶

潛規則21

「小雞蛋糕」不是東京土產，是博多土產

拿著「東京土產小雞蛋糕」到福岡——

這可是絕不該犯的低級失誤。即便對方是寬宏大量的福岡人，也可能會嫌棄：「這東西不稀罕啦」！

「小雞蛋糕」，顧名思義，就是小雞形狀的甜饅頭，自古以來就是福岡的知名土產。這項土產是由株式會社HIYOKO製造，誕生於大正元年（一九一二年）盛行甜點製造的筑豊飯塚（飯塚市）。

一般人普遍認為，這項甜點之所以在當時因煤礦繁榮的飯塚誕生，主要是可為工人提供勞力所需的能量。而以同樣脈絡誕生的甜點還有千鳥饅頭。過去這些甜點製造商以飯塚一帶為戰場，彼此之間展開強烈競爭。

讓我們回到正題。在飯塚備受歡迎的小雞蛋糕，因其可愛的形狀，進入博多之後也得到廣大的支持；而將目標放在日本第一甜點店的製造商，則趁著東京奧林匹克舉辦的契機，創立了「小雞蛋糕東京工廠」，並於東京站八重州地下街設立門市。一切就如製造商所預測，東北新幹線的開通，成為小雞蛋糕爆紅的引爆點，也慢慢地成為眾所周知的「東京土產」。這就是東京土產知名甜點小雞蛋糕誕生的由來。

目前該製造商共有兩間分公司，一處是位於福岡的株式會社HIYOKO，另一處是位於東京的株式會社HIYOKO。兩間公司的產品線略有差異，提供稍具區隔化的商品。

在此背景之下，小雞蛋糕既是源自福岡的福岡土產，也被視為東京伴手禮。但再怎麼說，福岡還是始祖。請記得對本家致上敬意，別愚昧而大意地犯下將小雞蛋糕當成東京土產送給福岡人的錯誤喲。

順帶一提，福岡目前最受歡迎的土產甜點為「博多通門」與「筑紫麻糬」。以「鶴乃子」聞名的石村萬盛堂，也因推出將棉花糖當成白色情人節回禮而更受歡迎。

讓我們再次回到小雞蛋糕的話題吧。福岡有賣比一般小雞蛋糕重五倍的九州限定「大型小雞蛋糕」。雖然形狀還是小雞，但感覺上有點變胖，還有些臃腫。而且，大隻的小雞應該不算是小雞了吧……。

Hakata Rules

交通篇

購物篇

食物篇

街道篇

詞彙.人際關係篇

生活百匯篇

潛規則22

路邊攤數量是日本第一！

福岡市內約有一七〇個路邊攤，數量高居日本第一！

據說日本的路邊攤約有六成集中在福岡市，其存在感大到難以忽視的程度——這就是博多鬧區的現況。

而且，其他都道府縣的路邊攤，頂多是賣拉麵或關東煮，博多的路邊攤內容卻是五花八門，舉凡煎餃、義大利料理、沖繩料理、天婦羅，都可能出現在博多的路邊攤中！種類之豐富，每天吃也不會厭膩。

據說，福岡的路邊攤源自第二次世界大戰之後的黑市。某段時期曾一度增加到四百攤，爾後又慢慢地減少。減少的理由有兩大點，其一是福岡縣警在一九九四年祭出「路邊攤的經營僅以一世代為限」（共同以此謀生的配偶或子女則不受此限）的方針，其二則是針對衛生層面、道路使用、廁所、周邊住家等環境問題進行管制。在面臨寶貴的觀光資源能否存續的危機時，福岡市於二〇〇〇年制定「福岡市路邊攤指導要綱」，詳盡規定了路邊攤擺設條件與人行道使用費等細節，直至今日仍持續實施中。

博多的路邊攤集中在幾個限定的區域裡，其中比較有名的區域，包含中洲南側的春吉橋周邊、冷泉公園周邊與長濱地區。接近傍晚時分，不知來自何處的路邊攤就會開始準備擺攤。隨著日頭漸落西山，路邊攤的數量也陸續增加。一旦天色全暗，到處都會聽到：「要不要喝一杯啊」的叫賣聲。

在路邊攤最令人在意的就是廁所的問題。如果路邊攤位於公園附近，可以使用公共廁所，若是在街道旁，則可向附近的大樓或便利超商借用化妝室。「在這間路邊攤吃東西，可以去那裡上廁所」，只要問攤販，他們都會告知未明文規定的「指定廁所」。便利超商的店員，對於路邊攤客人使用廁所這件事多會稍微包容，所以常可見到醉得滿臉通紅的酒客頻繁進出便利超商的情景。

若想盡情享受博多特有的夜晚，請至少試著去一次路邊攤！若能與坐在同一間路邊攤的在地客聊開來，說不定能遇到第八十四頁所說的好運喲！

中洲
全國知名的娛樂聖地
××酒店
KT
每位九州男兒
都曾踏足的那個地方
只要走過
那珂川的大橋
就能來到中洲
中洲
櫛比鱗次的路邊攤
那珂川
整條河岸
儼然就是路邊攤大街
幾名男子結伴
來到中洲
結束後，
我會去那邊的
路邊攤喲
通常會像這樣
各自散開
享盡溫存的九州男兒
會在路邊攤
吃收尾的拉麵
與開反省會（？）
那間新的店好不好玩
真是棒呆了
被那對豪乳打敗了啦～
Y子好像換去別家店了

潛規則23

在路邊攤，有可能被陌生人請客

仔細一想，路邊攤還真是自成一處的不可思議空間。因為攤販通常只有一張桌子，等於所有客人都得併桌。老闆與店員就站在中間，其他客人幾乎是肩併著肩地吃喝。在這種情況下，趁著酒意與身邊的陌生客人聊天幾乎是順理成章的事情。

在這裡，如果有兩個年輕上班族與兩個中年上班族聊起人生百態，最後可能會看到中年上班族豪氣地說：「這樣吧，這攤我來請」，中年上班族替年輕人付酒錢這種令人會心一笑的溫馨光景並不稀奇。你若初到博多，在地居民可能會過度熱心地對你說：「那個不好吃啦」，或是「去博多的那邊才對」，搞不好還會請你吃飯。反之，若已習慣在博多生活，隔天早上可能會抱著宿醉的頭回想：「昨天到底請誰喝酒啊～把錢都花光了」……。

喝到最後，可能會有交好的路邊攤或是熟悉的酒伴，這也是福岡路邊攤的特色之一。即便獨自一人去喝酒，有心胸開闊的博多人圍繞在身邊，一定不會感到寂寞。不過，只有在深夜才能享受路邊攤的獨特氛圍，一近早晨，風情萬種的路邊攤大街也隨即銷聲匿跡，回到日常的小鎮風景。這種「酒終人散」的情景以及晝夜迥然有異的街道風情也是博多的特產。

建立博多流人際關係的絕佳舞台就在路邊攤。不要說這麼多廢話啦，今天也在「路邊攤喝個痛快吧」。

潛規則24

將福岡與博多劃上等號
就太令人遺憾了

Hakata Rules

聽到有人自稱「我來自福岡」時，該怎麼回應呢？

可能會回答：「那你用博多腔說句話嘛」、「在當地是不是常吃博多拉麵啊？」對方若是女性，說不定會回答「博多果然專產美女啊，人美又有氣質」。

上述的回應在某種程度來說都是正確無誤的，但只要稍有不慎，還是有可能落得一子錯而滿盤皆落索的下場！

一般來說，博多人都有「夜郎自大」的毛病。所以若沒事先確定對方的品性，上述這類稱讚可能招致反效果。就算是想取悅對方也要謹慎用詞，別讓對方當場為了「來自福岡」這件事而不知所措，現場的氣氛也可能瞬間變得尷尬。

在此，要請大家先記住第八頁的解說內容，也就是「福岡不等於博多」。若以行政區域來看，福岡縣境內可分成福岡、北九州、筑豐、筑後這四個區域。福岡過去分為筑前國、筑後國、豐前國這幾個國家，所以這四個行政區域的語言、食物、風俗習慣與氣質也不太一樣，尤其是在福岡以外的三個區域，對自己的故鄉暗暗抱著強烈的自傲，平日聽到媒體將他們與福岡市（也就是眾人口中的博多）相提並論時，心中總是不太舒服。

聽到「來自福岡」時，先問清楚：「是福岡哪裡呢？」才是正確的反應。若是福岡市之外的區域，絕口不提「博多」就不會惹出什麼大問題。

潛規則25

北九州被稱為「北九」

「我們與博多完全不同」——福岡市以外的各個區域相當堅持這項原則。其中某些區域，私下也對博多抱著有些不以為然的態度。

北九州市的簡稱為「北九」（有些北九州人對於「北九」這個稱呼很反感，請特別注意喲）。相對於過去因貿易而繁榮的博多，北九州市則因北九州工業地帶的製造業而興起。儘管許多大企業在北九州市設立營業處與工廠，北九州人還是經常被其他地區的人問：「北九州市在哪啊？」或是「北九州是市啊？」等愚蠢又無禮的問題。毋怪北九州人會忿忿不平地駁斥：「明明北九州市比福岡市還早被指定為政令都市呢」。

博多人常自以為是九州的盟主，習慣大喇喇地說：「北九啊？不放在眼裡啦」。北九州人卻時常自謙地說：「我們怎麼能跟博多相提並論啊……」然後埋首於製造業之中，也認真地面對日益嚴重的公害問題。兩者雖同是福岡縣縣民，在某種意義上，還真是天差地別的類型。

過去因煤礦小鎮繁榮的筑豊地區（例如飯塚、直方、田川等地），也是風土民情相異的區域。往昔為了採礦，筑豊地區集結了許多從全國各地紛湧而來的壯男，致使這塊土地洋溢著濃濃的陽剛味。正如第二十四頁所說的，這地區流傳著不懂開車禮儀的都市傳說，也散發出一股欲蓋彌彰的流氓氣息，所以其他地區的人都會對他們退讓三分（？）。

筑後地區（久留米、大牟田、柳川等地）則保有獨特的色彩。尤其久留米市是豚骨拉麵的發源地，也為身為日本首屈一指串燒小鎮而感到無比驕傲。順帶一提，久留米市雖然出了松田聖子、藤井郁彌、田中麗奈這些名人，但久留米人對這些話題已經聽得很膩了。

回到剛剛提的北九州市。據說即便同在市內，舊筑前國所屬的西部地區（戸畑區、八幡西區、八幡東區、若松區）與舊豊前國的西部地區（小倉北區、小倉南區、門司區）也有著不同的文化與生活圈。

隸屬於同一縣市內卻有著不同的文化性格，讓福岡縣人對於福岡市（博多）抱持著複雜的情緒（博多人就不會這樣）。若聽到福岡就不由自主地聯想到「博多」，那可就大錯特錯了喲。

我的故鄉原本是煤礦小鎮，所以有座山被稱為「礦渣山」喲
那是由煤渣堆成的小山。
咦～是煤炭堆成的垃圾山啊
你小時候會去那邊玩嗎？身體不會因為沾到煤渣而變得黑黑的嗎？
哇
把瓦楞紙板當成滑板玩
實際上那是危險區域所以不准閒雜人等進入
啊？只有鞋底會變得黑黑的吧⋯偶爾可以採到化石所以有時候會去挖看看
那是一座黑漆漆的山吧？
以前好像是這樣，但現在已經是一座長了很多樹的山，看起來就像一座普通的山喲！
難以想像的景象
你不是說那是垃圾山？大小應該像是礦坑附近那些石頭堆成的小山一樣吧？
大概是長這樣
這是什麼啊？
就跟一般的山沒兩樣啊！
之前好像還有供卡車運載垃圾的馬路

潛規則26

遠足聖地絕對是油山&能古島

Hakata Rules

福岡市是九州其他都市難以望其項背的大都市。除了擁有難以撼動的都市地位，從市內往外驅車，不一會兒就有山川海景等自然景色映入眼簾，成為「博多・好地方」這句口號的絕佳證明。

以油山為例，這裡不但是遠足聖地，同時還具有露營場地、森林遊樂區、滑草場、牧場等小孩與大人同樂的設施。此外，還有能夠眺望博多灣全景的展望台，是知名的約會聖地。

沿陸路而行就可來到志賀島。這裡因「漢倭奴國王金印」出土地這段歷史而聞名，也是當地流行的休閒景點。除此之外還有海之中道海濱公園與海洋世界等水族館，夏天還能來場海水浴之樂。

另外還有能古島，是一座從福岡出發只要十分鐘航程、能夠享受短暫渡輪之旅、人口約八百人的小島。在夏天的時候，還可以露營或享受海水浴，十～十一月則可欣賞波斯菊花海。此地的房價非常合理，所以有不少從福岡市移居過來的博多人與外國人，就連知名作家壇一雄先生，也蓋了一棟房子在此終老，能古島則因壇一雄在此度過晚年而名聞一時（順帶一提，能古島也是蘿蔔嬰發源之地，當年蘿蔔嬰流行之際，還有因蘿蔔嬰而大賺一筆的暴發戶誕生。之後蘿蔔嬰曾被視為〇一五七11的元凶而遭受池魚之殃……）。

夜景多嬌，自然景色壯麗！怪不得博多人總是「夜郎自大」啊……。

潛規則27

提到高級住宅區就是指櫻坂、淨水通

Hakata Rules

以毫不做作的態度與真心話待人處事。

在以真誠隨性模式為主流的博多，卻有幾個地方讓人感受到貴氣瀰漫，那就是櫻坂、淨水通與櫸通（けやき通）這些區域。

要去淨水通，可先在最近的藥院站下車，稍微步行一小段路，就會看到行道樹連綿的紅磚步道。這一帶就是淨水通區域。在以禮品、贈禮而廣受歡迎的「16區」甜點店門口參觀後，沿著和緩的坡道往上走，就會看到貴婦們在咖啡館或餐廳裡聚會。距離此地極近的還有貴族女子學校——雙葉學園的整排校舍，可看到正值青春年華的少女在此漫遊。①位於小山丘上的豪宅、②貴婦聚會的時髦餐廳或咖啡館、③美味的甜品店、④貴族女子學校，這地區同時擁有四個高級住宅區的條件。同樣的，櫻坂也是散布著多間隱密餐廳的時尚地區。櫸通也有軟銀鷹選手居住的獨棟大廈，是名聞遐邇的名人住宅區。

同樣因獨棟大廈而人氣持續上昇的是百道濱。沿著海岸線興建以銀髮族為目標的高級大廈，夏天可拜見許多穿著泳衣、享受海水浴的老大姐身影。從福岡塔遠眺夜景也很受歡迎，能充份享受到「隱約的度假村氣息！」若以東京比喻，此處就像是台場一樣的地方。

其他備受青睞的還有天神大牟田線沿線，或是高宮、平尾這類高級住宅區，那裏的大廈房租也不算便宜。新興區域之中，照葉的人氣也急速上昇中。

順帶一提，百道濱也是那部超有名漫畫《蠑螺小姐（サザエさん）》的誕生地。

據說於博多出生的作者長谷川町子小姐（原本是西日本報社校閱員），最初就是在百道濱海岸散步時，想出這部漫畫的架構。蠑螺小姐最早的設定就是住在百道濱，所以出場人物的名字也多與海有關。

仔細一想，蠑螺小姐整部漫畫洋溢著輕鬆的氛圍，說是源自博多也絕對合理。雖然高級住宅區的範圍持續擴大中，但是博多人還是保有大而化之的寬容精神。這也才是博多最美的風景。

Hakata Rules

交通篇

購物篇

食物篇

街道篇

詞彙．人際關係篇

生活百匯篇

潛規則28

博多出美人

與秋田美人、京美人齊名，博多美人被讚譽為「日本三大美人」之一。實際訪問福岡男性，會得到「博多的女性很美麗（可愛）」、「放眼望去，街上散步的女性水準都很高」的答案，不少人會舉雙手贊成博多出美女這個論調（不過，若是身邊剛好有老婆或女朋友陪著，博多男性大概不敢太放肆地讚美其他女性）。

不過這可能是博多人才有的「博多偏愛心理」，真相究竟為何呢？

實際上，博多美女多的論調受到來自各路的情報支持，例如「自古以來與外國各地的交流密切，所以博多人的血統混雜著各種DNA」，或是「花很多錢在美容院或衣服上，只為將自己打扮得更時尚」的說法。這些說法或許有其道理，但最主要的原因，應該是因為博多女性的內在美勝於外在美，例如「多數女性懂得替男性保留面子與照顧男性」這點。

正如第一〇六頁所介紹的，博多男性的內心藏著「TSUYATSUKEMON[12]」（博多腔「耍帥」之意）的心理，因此許多男性認為「在外願意不著痕跡地替男人保留面子」的女性最理想。能維護這種可悲（?）的男兒自尊正是博多女性的內在美。

這種異性關係也受到商業之都博多的「祭典」（山笠）影響。如一三六頁介紹的，山笠的參加單位（團體）為「流」，有著嚴格的輩份分別，因傳統限制而無法參加山笠的女性，必須負責準備直會（於山笠舉辦時期提供飲食的反省會[13]）與招待來賓，擔任支援男性的角色。正如流傳至今的

「御寮人[14]」（商家的老闆娘之意）一詞，當家裡的男主人外出舉辦山笠，可靠的「御寮人」就必須留在家中守護一切。這正是博多女性被賦予的角色。雖然有人認為這是對女性的一種歧視，但這是從漫長歷史衍生而來的風俗習慣，在博多是合理的責任分配。

當然博多男性有時會過度發揮所謂的「大男人主義」，此時能將博多男性徹底馴服可是博多女性的能耐。男性表面上像大爺，但實際手握韁繩、控制男性一舉一動的可是女性。老實說，許多男性在回家以後，是不敢在老婆太歲頭上動土的。

此外，博多女性平常雖然像「大和撫子[15]」般溫柔，但如此溫柔的反面就是「一旦生氣就很難收場」，請大家可得處處小心啊（！）。

在博多生活時，請體認這兒是有利於男性（？）的環境，卻也是一切操在女性手中的地方。總之，與博多男性交往的女性可得嚴加管教他喔！

我是東京太郎 從東京調職 來福岡
沒想到……！ 居然能與 福岡女性結婚！
京太郎真的很可靠喲
我能跟京太郎結婚真的是太幸福了！
配你這傢伙實在是太可惜了啦！
簡直就像從畫裡走出來的博多美人
話是這麼說
京太郎～ 我明天想去美容院
咦？ 兩週前不是才去過？
而且這些化粧品又是什麼時候買的？
堆積如山
我只是普通的上班族 買的時候也稍微考慮一下嘛……
我，希望自己 一直都是京太郎 最自豪的漂亮老婆嘛
就像京太郎 非常非常努力地工作 我也要好好地 琢磨自己的外表才行呀
眼睛發亮
正中紅心！
嗯，對吼！ 這一切都是為了我
好開心喲
真的嗎？
我也很開心呀～
總覺得不太對勁 但， 這樣似乎也說得過去……吧！

潛規則29

博多男性「愛耍帥&愛逞強」

Hakata Rules

現在常聽說什麼草食系男子、便當男子或是甜點男子……。這些戲稱現代男子的詞彙，都是比較偏向中性的形象。然而，與這股社會潮流相悖，殘留著昭和餘香的「九州男兒」一詞，仍在以福岡為首（？）的九州一帶流傳著。

雖然統稱為九州男兒，但是九州各縣或福岡縣內認為九州男兒該包含的特質，當然也不盡相同。若真要列舉，大概可舉出「雖然害羞，內心卻藏著『就跟著我吧』的想法」、「雖然不擅言詞卻很酷」這類特質吧。

實際上也聽過博多女性說：「雖然擺出一副『本大爺』什麼都行的樣子，但明明一個人就什麼也做不了」、「緊急的時候，一點也不可靠」（所以博多女性常有「這個人沒有我不行啊」的想法，總是愛上「沒用的男人」）。

令人意外的是，與廣受好評的博多女性相比，博多男性常屈於劣勢。

正如「博多的男性只受博多女性青睞」這句辛辣的名言（？），常從其他地區的女性口中聽到：「一起喝酒的時候，博多男人居然理所當然地要求各自付帳，真是難以想像！」、「參加活動或慶典的時候只會坐在原地喝酒，什麼也不會做！」、「明明沒有女朋友，居然敢對我直呼『妳這女人』」諸如此類的嚴厲批判。

反之，也曾聽過從博多調職到其他地區的男性遭受痛苦洗禮的故事。「果然還是博多女性最棒！」、「結婚首選當然是博多女性」的想法成為男性下定決心回歸福岡的契機，但實情是，福岡的離婚率向來全國榜上有名（就人口結構來看，或許是因為年輕女性的人口比例較高，所以外遇機會也比較多吧……）。

為了不被博多女性拋棄，博多男性可得處處多小心一點喔！

與博多美人相較「九州男兒」的評價……似乎不太好
所以
接下來
要試著舉出九州男兒的優點
不懂拒絕的藝術
我想去博多採訪 ×日有空嗎? 我會去博多
Y編輯
喔~好啊好啊 來嘛來嘛 我會等你
與Y編輯大學同屆的博多子
當天
不好意思遲到了 其實今天要談生意 是筆三十億左右的大生意
哈哈哈
哈哈
哈哈
咦? 沒問題嗎?
只要有手機就沒問題了啦
嘟嘟嘟
不好意思讓我接個電話!
遲到一小時
10分鐘出去接一次電話 30分鐘之後才回來……
這、這是要怎麼採訪……
不懂得考慮後果
※這是真人實事

潛規則30

博多人&喜歡博多的人「都是好人喔」

正如之前再三提及，從歷史的角度來看，博多是個對外來客極為寬容的地區。

如果你看起來不像博多人，被熱情（過度？）地問：「你是從哪來的啊？」的機率非常高！而能進一步勾起博多人好客之情的正是「讚美的詞彙」。

「博多的食物便宜又好吃，真是個好地方啊。尤其女性都很美麗……」只要像這樣替博多人戴高帽，他們的笑臉與殷勤度肯定立刻激增百分之一百二十。

「對呀對啊，機場就在附近，購物也很方便，近郊就可以看到海跟山，隨時都能去玩，絕對是亞洲最適宜居住的地方啦」他們肯定會大聊特聊這類事情。

即便是在喝酒的地方遇到剛認識的人，只要聊得來，也可能會對你說「讓我介紹很棒的路邊攤給你吧」，明明沒請他介紹（？），卻直接將你帶到路邊攤去。沒錯！博多人常把：「博多沒有壞人」這句話掛在嘴邊，其引申之意就是「喜歡博多的人就是好人」。沒有人會討厭稱讚自己故鄉的人，但博多人聽到別人的稱讚後，都會強烈地表現出自己有多麼開心。

名古屋人很愛以自嘲的口吻揶揄名古屋（明明就很愛故鄉），大阪人則以東京為敵，藉此主張對故鄉的愛，而博多人表達故鄉之愛的方式則與上述兩地不太相同。

因此，想跟博多人打好關係，毫不遲疑地將稱讚的話掛在嘴邊就對了。「讚美得太誇張？」若不做到這般程度，是沒辦法附和博多人那份強烈的故鄉之愛的。

潛規則31

語尾分成「to」、「tai」、「bai」

Hakata Rules

想要進一步打入博多世界，或多或少也得熟悉一下博多腔。什麼？比較適合初學者的博多腔？比較簡單的就是「to」、「tai」與「bai」這三種基本的語尾轉換。只要使用這些語尾，就能讓博多氣氛瞬間高漲。

常用的有過去疑問句的「～to」。例如「吃過了to？」（吃過了嗎？）、「你知道to？」（你知道嗎？）、「你在做什麼to？」（你在做什麼呢？）。若是以沒有重音的方式說「吃過了to」，就代表是強烈的肯定句。若說成尾音拉長的「to～」，例如「你知道to～to？」（你知道嗎？）、「吃過了to～to」（正在吃喲），則可以當成疑問句或現在進行式使用（有時to會換成yo，類似「正在路上yo～to」的說法）。

「～tai」與「～bai」則被當成標準日語肯定表現句式的「～yo」、「～dayo」使用。

只要熟悉語尾，中間還能加入「～ken」，例如「下雨ken、不想去了」，只要會這麼說，博多感立刻大增。將形容詞語尾的「i」換成「ka」的特色（例如yoi（好）=yoka、samui（冷）=samuka），也很建議初學者採用。

實際試著發音後，可能會覺得博多腔帶有壓迫性的節奏感，卻又能從語感之中發現博多腔的溫柔。尤其女性常用的「～to？」，更是被博多男性盛讚：「好可愛呀」。博多腔同時具有凡事包容的溫柔與剛硬耿直的特質，完全反映了博多人的氣質。只要先試著從語尾開始改變，肯定能瞬間加深與博多人的交流。

潛規則32

能分辨博多腔、北九腔、筑豐腔與筑後腔

正如第八十六頁所解說的，對自稱來自福岡的人說：「你可以用博多腔說句話嗎？」可是一大風險；同樣的，向對方說：「你可以用福岡腔（福岡方言）說話嗎？」也會造成對方的困擾。正如之前再三提及的，即便同樣位於福岡，每個區域的社會特性與氣質也有著明顯差異，使用的方言也當然不同，沒有所謂共通的「福岡腔」。

福岡的行政區域只分成四塊（參考第八十六頁），但方言的區分則更為細膩。所謂的博多腔是於佐賀、長崎使用的肥筑方言的分支，而北九州使用的北九州腔則屬於豊日方言的分支。筑豊腔分為飯塚市周邊使用的飯塚腔與田川市周邊使用的田川腔，筑後腔也分成久留米腔與大牟田腔。

要聽出所有腔調的不同，就連福岡人也不容易做到。若說什麼是最具代表性的差異，就屬博多腔與北九州腔的明顯不同的語尾。

博多腔說「你在做什麼？」的時候，會說成「nansiyouto（nansiyoruto）？」，而北九州腔則說成「nansiyon（nansiyorun）？」（北九州一帶常把「nansiyon」當成久逢故友時的招呼語使用）。

同樣的，博多腔會將「這個位子有人坐嗎？」說成「（這個位置）tottouto（tottoruto）？」，北九州腔則說成「totton（tottorun）？」。

北九州腔的特徵就是像這樣將語尾轉換成撥音（語尾加入鼻音的「n」）。或許就是如此，一般人才會聽不懂快板的北九州腔，或是有點畏懼北九州腔。

還有其他較明顯的差異，例如博多腔的語尾變化為「to」、「tai」與「bai」，但北九州腔的語尾則會是「cha」。「為了減肥，所以常去健身房cha」（常去健身房喲）。順帶一提，北九州腔的「～cha」與博多的「～to」有著異曲同工之妙，都能讓女性的語調「變得很可愛」，而這些語尾的可愛程度也都是榜上有名的喲。

其他尚有「請吃rii」（請吃的禮貌型）、「請教我charii」（請教我的禮貌型）這類獨特的語尾變化。筑後腔聽起來比北九州腔還沉著些，筑豊腔則多為煤礦地區使用的方言，聽起來也比較粗獷一些。

福岡的方言隨區域不同而有差異。如果你能從隻字片語聽出對方來自哪個區域，那你的福岡熟悉度肯定已達高級班。

我是東 京太郎
從東京調職來福岡
在福岡這塊土地
終於遇到人生最強
的桃花運
京太郎～請跟我交往～
居然同時有三位
如此標緻的大美女
要求和我交往！
這該不會是在做夢吧
三個都可愛
到爆表
根本難以取捨
該怎麼辦咧？
呃……
哈
那、
那可以用方言
說說看「喜歡」嗎？
預備～起！
喜歡 cha
喜歡 tou！
喜歡 yaki～
結果我選了
最讓人怦然心動的
「喜歡」
京太郎
我最喜歡 to～
人家明天想去吃法式料理～
這、
這樣啊
那就去吧～
最後就像100頁寫得一樣
被老婆吃的死死的

潛規則33

一直以為「komameru」是標準日語

Hakata Rules

若聽到博多人問：「一萬元，komamaru？」而你回答「咦？困擾？[16]」，那可就犯下太初級的錯誤囉。甚至到了造成博多人困擾的地步。

福岡的komameru（疑問形為「komamaru」）源自「komakakusuru」（拆散）一詞，有「將大鈔換成零錢」的意思，因此才會有「要不要komamecharan？」（要不要換開）或「要komameru成多少」（要換成多少零錢）的用法，許多博多人還以為「komameru」也是標準日語。

其他只有博多腔才使用的詞還有「kuru」。其中一種用法是「洗牌」時，會將洗撲克牌的動詞「kiru」說成「kuru」。此外也常把日文動詞的來（kuru）當成「去」（iku）（九州．沖繩全境也如此使用）。因此聽到「要來（kuru）那邊嗎？」其實是在問：「要去（iku）那邊嗎？」。

此外，還有一種在學校朝會時，有關方言的奇風異俗。那就是原本席地而坐的孩子，在準備站起來的時候，會大聲地喊「呀」。據說這是德國士兵在訓練時起立會喊「Year！」的風俗傳入福岡所致，但詳情如何已不可考。起立時喊「呀！」，坐下去時保持安靜……這到底有何用意？一切就像謎團嘛。

其他常用的方言還有「shaasii」（很麻煩）、「sekarasika」（很吵），這些說法聽起來是有點粗魯啦……不過請您放心，這可不是想要找人吵架喲。

潛規則34

要坦誠對談絕少不了酒

「酒呀喝吧喝吧，喝下去的話就……」的歌詞源自知名的福岡民謠「黑田節」。

這首民謠裡的主角母里太兵衛（JR博多站站前有他的銅像），是江戶時代侍奉國主黑田長政的豪傑家臣之一。他曾說「如果我能飲盡大杯的酒，我希望可以得到想要的寶物」，結果真的喝完要雙手才能捧著的酒杯裡的酒，因而得到名為「日本號」的寶槍，而這段故事也透過民謠流傳……這可是真實發生過的歷史！而在現代的博多社會裡，**酒也是人際關係與談生意的重要媒介**。

博多人在正式場合或有其他地區人出席的場合，基本上是不會使用博多腔的，但如果喝了酒，氣氛變得很熱絡，或是身邊全是知己，就會瞬間切換成博多腔模式。

換句話說，**博多腔的使用頻率就是測量親密度的量表**！因此，即便是談生意的嚴肅場合，一起喝酒通常能更順利地達成目的。

若對方是在地企業，與其不斷地討論工作內容，還不如一起多喝幾次酒，彼此的關係才能更融洽，可見得酒是建立人際關係的重要關鍵，不管是納涼會[17]還是賞花，又或者是在雅虎巨蛋看棒球，這類促進彼此感情的場合果然還是少不了酒。

對於想快點完成工作的人來說，或許會對此有點不耐煩，但請記得「欲速則不達」這句成語。先與對方喝過酒，建立彼此的信賴感之後，就連有點害羞又不擅言詞的博多男性也會開始吐露真言，彼此的信賴關係也將變得更為強韌。

「讓我教教你什麼是博多的魅力吧！」這種想照顧調職來福岡的新鮮人的心思，是博多人才有的服務精神。若是忽視這般好意，在商場上可不是上上之策。若是準備從博多調回總公司，博多人一定會大喊：「你走了，這裡就變得空蕩蕩了啲」，然後為你舉辦送別會，就算離開了博多，也會持續跟你聯絡。調職來博多的人之所以會為了當地的人情味而決定定居下來，也是受到這般人際關係的影響。

當然也有不擅喝酒的博多人，但只要聽到「一起喝吧！」就有機會聽到博多人的真心話。即便不想大碗喝酒（？），想要聽真心話的時候，就好好地利用酒精吧。

※不知道什麼是博多湯的好孩子，請搜尋一下什麼是「般若湯[18]」吧。

潛規則35

提到御三家[19]高中，就想到

修猷館、筑紫丘、福岡高中

若是在考試季節聽到客戶或上司的兒子考上「修猷館」該有什麼反應？只送上一句「真是可喜可賀」的祝賀是絕對不夠的！「果真虎父無犬子，令郎的成績好優秀，真是太厲害了！」才是正確的回答。同樣需要客套地回應的變形版台詞還有「考上筑紫丘了」、「勉強滑進福岡高中了」等等。

沒錯。提到福岡公立御三家高中，就是修猷館、筑紫丘、福岡高中。這三所高中視彼此為競爭對手，總是計較彼此有多少學生考上九州大學或其他知名的國立、私立大學。其中，修猷館因為是福岡唯一曾孕育出日本總理大臣（廣田弘毅）的學校而聲名大噪，在福岡金融圈也有綿密的人脈。順帶一提，福岡的男高中生認為修猷館的女高中生高不可攀，所以看到水手服後襟縫著修猷館的徽章「六光星」，不禁會自卑地以為：「腦袋不如人，怎麼追得到啦」。這類酸酸甜甜的在地愛情小故事也是時有所聞。

與前述御三家並駕齊驅，在福岡也是知名私立高中的久留米大學附設高中，其畢業生包含堀江貴文、孫正義（因前往美國留學而休學）、鳥越俊太郎這些名人。福岡的高中畢業生之間存有緊密的連結性，所以在東京的九州鄉土料理店舉辦同學會的機率也以福岡最高。若是明白他們那份強烈的故鄉之愛，就應該多多探聽當地高中的情報，說不定，能從中問到個性內向的博多男性那意外的青春佚事喲。

潛規則36

學校裡有很多學長姐與學弟妹是藝人

博多人被其他地區的人問到從什麼高中或國中畢業時，常常會提到與哪些名人同校，例如「我和塔摩利都是念高宮中學喔」、「濱崎步是我們學校的畢業生」，除了自己學校的八卦之外，有時連「我們隔壁學校是森口博子的高中」這種臨校的名人也能拿來當話題。不，博多人絕不是在炫耀自己跟名人同所學校，因為博多、福岡的名人輩出，多到沒有必要特別吹噓這種事情。

你問為什麼博多出名人？這當然是受到博多人特有的氣質所影響。博多人喜歡新事物，也愛祭典的熱鬧，骨子裡超級悶騷。在凡事謹慎，習慣「槍打出頭鳥」的日本社會裡，博多擁有「凡事多嘗試」、「只要覺得有趣就可以試試看」的縣民性格，所以才能催生出為數眾多的藝人。

而且博多也具備支援與培育音樂家的「基礎建設」。比方說，早期有財津和夫、武田鐵矢率令的海援隊，以及因產出井上陽水這號人物而聞名、位於天神區的「照和」Live House。直至今日，仍有不少想出道的年輕音樂家在此舉辦現場演唱會。其他還有很多小型的Live House，也有很多自稱音樂家的人物（過去博多曾被稱為「日本的利物浦[20]」）。

由於吉本興業[21]也於福岡設立事務所，所以博多出了很多搞笑藝人；如果青梅竹馬或學校及公司的朋友突然變成名人，也絕對算不上什麼特別稀奇的事喔！

潛規則37

九大是九州的「東大」、西南是「慶應」

多少人考上東大？或是有多少人考上早慶[22]？

一到大學入學考試的季節，全國各高中與大型補習班都會公告這類「喜訊」。

在福岡，地位如東大般高崇的是九州大學，簡稱九大。福岡人（尤其是家長）認為最理想的菁英之路，就是先進入九大，並於在地的名門企業就職，最後爬到經營者或重要職務的位子。許多人會對那些立志讀東大的孩子說：「去九大就好了啦！」可見當地人的九大信仰有多麼強烈。

地位僅次於九大的第二志願是私立的西南學院大學。這所學校由基督教學校法人經營，實踐國高中一貫教育，並在二〇一〇年四月設立了小學，予人一種從幼稚園直升到慶應的貴族感。實際上，這所學校在博多也予人出類拔萃的印象，所以又被稱為「福岡的慶應」。尤其這所學校有很多女大生來自西南女學院高中（是一所貴族學校，其可愛的水手服非常受歡迎），因此在聯誼時，得到「西南的女大生很可愛」的高度評價。

相對的，也聽過「九大的女性不太搶手」的評語（真失禮！），遺憾的是，這句話似乎也能套用在東大女大生的身上……。

福岡大學被喻為福岡的日本大學。理由之一是福岡大學為一所猛瑪象大學[22]。福岡大學共有九個學系、三十一個學科、兩萬名以上的學生，是西日本規模最大的大學。這裡不僅

「規模大與學生多」，大學校園內也設有六個學生餐廳與十處餐飲設施，真不愧是貪吃的博多(?)，到處都少不了吃的地方。此外，周邊圍繞著大型書店、大型超市、保齡球場、卡拉OK與居酒屋，形成所謂的大學生街道。

若打算與博多人交流，掌握這些大學的特徵也非常重要。為了在聊到畢業大學時，能即時說出：「九大？哇，好聰明啊」、「西南嗎？妳一定有很多追求者吧」、「福大？聽說學生餐廳居然有六間耶」(?)這類回應，可得先把這些大學的基本資料輸入腦袋裡喔。

Hakata Rules

交通篇

購物篇

食物篇

街道篇

詞彙．人際關係篇

生活百匯篇

潛規則38

能完整表演博多祝歌與博多手一本

一到結婚典禮等喜慶的尾聲，新人的叔叔伯伯就會緩緩地唱出某首歌。而且絕對是固定的那首歌，歌名就叫做「可喜可賀歌」（博多祝歌）。「可喜可賀啊　若松大人喲　若松大人喲～」以上述的歌詞開場，是一首流行於派對、婚禮等場合、廣受叔叔伯伯們歡迎的一首歌。在博多祇園山笠（七月十五日追逐山笠）的時候也會一起唱這首歌。

這首「博多祝歌」的必備動作是「博多手一本」。

所謂「博多手一本」是博多特有的拍手收尾動作。正如關東的「三本締[24]」般，博多手一本也常於宴會結束時使用。福岡證券交易所在舉辦年初的大發會與年末的大納會[25]時，都會以博多手一本收場，這也是當地的風俗習慣之一。

希望大家先將有關博多手一本的幾項規則記下來：首先，請先將雙腳微微張開，雙手不超過肩膀的寬度。接著如「三本締」般拍手。若是寫成白紙黑字，大概就是「預備（拍拍）、再一次（拍拍）、預備～，第三次（拍拍）」（也有將最後的「第三次」省略，只說「好的」的版本）的步驟，意外的是，習慣三本締的人卻很難抓準「好的，第三次」之後的拍手時機。若是不小心破壞了拍手的節奏，就會落入該收尾卻收不了尾的窘境。為了避免周圍的人脫拍，請特別注意拍手的時間點喔。

手一本也於山笠這類祭典的協議時使用。雙方達成共識時，會以手一本收尾，代表雙方同意且毫無異議。在吵架這類情事得以調解時，也一樣會以手一本收尾。以手一本收尾有著凡事圓滿的意思，同時也不准任何一方舊事再提。

就如「此時有話直說，日後再無嫌隙！」這句話的意思，手一本這項儀式與博多人直來直往的氣質完全吻合。為了讓難得的喜慶場合或宴會圓滿結束，請在出席這類場合之際用心練習拍手。

此外，請儘可能把歌詞背起來，才能在叔叔伯伯們唱起「博多祝歌」的時候，自然而然地跟上節奏。

博多手一本的步驟
雙手收在肩膀的寬度之內
雙腳微微張開
口號之後
預備
拍兩次
拍拍
再一次
再拍兩次
拍拍
預備～第三次
拍拍拍
如此你也盡得真傳囉！

潛規則39

山笠期間無法（不想）工作

七月博多的街道上總是洋溢著一股莫名的興奮感。日正當中，就看到應該工作的成熟大人穿著法被[26]在街上閒晃。不對，不只是閒晃，有時還圍成一小圈飲酒作樂。話說回來，有些傢伙不是直接穿著法被到辦公室，就是乾脆向公司請假。

「到底發生什麼事？」其他地區的人看到如此光景或許有些訝異，但這可是博多人每年固有的風景。就算有人穿著法被到公司，只要說句「我是nobosemon（所以不得不穿著來）」，就不會被刁難。這就是博多社會的潛規則之一。

七月一日到十五日之間，博多會舉辦所謂的博多祇園山笠祭（簡稱山笠），而「nobosemon」指的是賭命爬上山笠的男子漢們，也就是指那些「被祭典沖昏頭」的人們。順帶一提，在六月一日到七月十五日的早上為止，法被都被認為是正式服裝，所以穿著法被出入公司也不算失禮。

據說山笠祭最早緣於西元一二四一年，承天寺的開祖聖一國師為了趕走疾病，潑撒祈禱水（甘露水）而開始的。每年的七月一日之後，裝飾山笠（類似巨大的神轎）會在市內的十四個地方展示，最高的山笠居然可達十公尺左右，高大到浪費奢侈的程度了。依照個別主題裝飾得金光煌煌的裝飾山笠，相當令人驚艷。只要看到圍觀的群眾拿起手機拍照的情景，定會讓眾人意識到真的進入山笠祭的季節了。

從祭典開始的那天起，每天會陸續舉辦不同的活動，但祭典的高潮會落在被稱為「追山」的十五日。早上四點五十九分，男子漢們(nobosemon)將山笠扛在肩上，開始在博多的街道上全力衝刺，為的是要縮短跑完全程的時間。由於扛在肩上的巨大山笠重達一噸，稍有閃失就有可能釀成嚴重意外。

在這個祭典中，博多依照地區被分成七個「流」(山笠祭的參加單位，據說豐臣秀吉將博多分成七個地區，其區分方式就稱為「太閤町割」，而「流」就是根據這個方式區分)，每個「流」無不在這一年之內全心全意磨練技術與培養團隊默契。這才是nobosemon的精神，形容他們一整年都因為山笠而忙得團團轉也不為過。

聽到「有山笠才是博多！」的外地人，有時會揶揄地反諷：「就是因為山笠，所以博多的經濟才發展不起來」，但是在博多男性心目中，山笠就是男人的浪漫(也只有博多男性才懂吧)。在博多女性那溫柔又嚴厲(?)的支持之下，博多男性才能在祭典裡展現「耍帥與固執」的精神。要想知道這股令人不得不愛的魅力，就得參加這場盛會。

初次見面。我是阪神商事的山田
非常感謝您的照顧
怎麼穿著法被來？
—會議室裡—
融洽
氣氛
全員穿法被嗎？
為什麼這樣穿啊！
已經接近山笠祭的季節囉
這段期間在福岡穿法被也不算失禮的事情喔
真的嗎？
這麼說的話
吼～
你是阪神虎的球迷啊
對於阪神虎與山笠祭的熱情
都是一樣的啦
連生意也談得一帆風順
真是萬萬歲呀！

潛規則40

都曾夢想「上台」

這裡說的「上台」，是指爬到山笠的台上，而且坐在山笠前方的意思。

一座山笠大概需要超過一百名壯丁來扛，但是能坐在上面的只有六個人，分別只有前面三個與後面三個位子。對於nobosemon而言，能夠登台是無上的榮耀，但通常只有各「流」的最高負責人，也就是總務或董事長地位的人才有機會。

其實「流」這個團體有著嚴格的輩份關係，剛加入的時候，不論年齡長幼，都只是「若手[27]」而已。之後才會被任命為若手領導人的「赤手拭」（在山笠期間身上綁著紅手帕的人）。赤手拭的職責包含很多方面，例如對若手下達指令、指導山笠的組裝、準備反省會與收拾善後等等。接下來要再晉昇，就得經歷許多不同職務的訓練。

有些老家本來是做生意的博多男性，在幼時參加過「兒童山笠」（小學四年級之前的小女孩也可參加），無論如何，都希望自己有朝一日能坐上山笠。

其實山笠的領導統御與組織經營模式也能應用於商業社會裡。

比方說，即便是平常的工作，只要來自同一處的「流」，專案就能順利推動，彼此也可能更加團結。這也正是博多商場上的潛規則！

當然，外地人也可志願加入「流」。「好想親身體驗一下陽剛味濃重的山笠文化！」若有這個想法，不妨下定決心挑戰看看吧！

潛規則41

覺得「港祭」人潮太多

Hakata Rules

與山笠祭知名度並駕齊驅的祭典之一，就是「博多どんたく港祭」，簡稱「どんたく(dontaku)」。由於每年都會因為參加人數眾多而登上黃金週頭條新聞，所以只有知名度(?)大幅地提昇。不過，「這祭典的目的到底是什麼?」、「為什麼會有那麼多人參加?」很多博多人其實也無法清楚回答這些疑問。

港祭的舉辦日期為五月三～四日，內容包含各團體、企業、學校、有志之士於舞台上表演舞蹈、演奏或是於街上遊行。簡單來說，就是全鎮總動員的大型才藝表演會！這也是酷愛祭典熱鬧氛圍的博多人才有的活動。

名列博多三大祭典的另一個祭典為放生會。這項祭典於每年九月十二～十八日，在位於福岡市東區的筥崎宮舉行，也因為參拜道路旁擺滿約七百間攤販的景色而聞名，大部分的博多人都曾有過「小時候去放生會的鬼屋」、「曾被帶去買新薑(放生會的名產)」、「長輩曾買過博多chanpon(用玻璃管製作的玩具)」等兒時記憶，也都是聊天時不變的話題。

博多除了上述的三大祭典之外，還有一月的「玉取祭」、二月的「節分祭」、十月的「中洲祭典」、「相撲大會」，形容成一整年都在辦祭典也不為過，博多人還真的是很愛祭典呢。難道這也是為什麼無法專心投入工作的原因……嗎?

潛規則42

聽到「獲勝了」，就是在說鷹隊的事

「獲勝了！」或是「怎麼樣？」常常在博多街上的居酒屋、計程車裡，或是在公司加班時聽到這樣的對白。若是在棒球球季被問到這類問題，主詞絕對是指軟銀鷹。這時絕不允許出現「什麼獲勝了？」或是「哪裡怎麼樣？」這種回答喲。

在全國職業棒球支持度日漸下滑的趨勢之中，棒球在福岡的地位仍十分崇高，而且也常被當成正式談生意之前的暖場話題。談生意的時候，「鷹隊，還真是糟糕呀」的對話也常常被當成打開話匣子的「開場白」。即便不是棒球迷，博多人也將了解比賽結果當成一種嗜好。若是對棒球聊不上半句話，在博多可是會被烙上「缺憾之人」的印記喲。

鷹隊獲得廣大市民支持的證據之一，就是擁有許多女性球迷。箇中理由是因為鷹隊有多名長相俊俏、實力又優秀的選手。福岡巨蛋甚至在球季裡設立專為女高中生球迷服務的「女高中生日」，許多女性球迷就像是參加偶像的演唱會一樣，拿著粉紅色的加油道具熱情地為自己支持的選手加油。

到球場看球賽，也經常成為聯誼或約會場合的選擇之一，可見棒球的確滲透博多社會的每個階層。因此，就算身為女性，「不懂棒球規則」可是會被批評為不及格的博多人喲。

最後請各位特別注意一點，千萬別說軟銀鷹的壞話，否則再怎麼寬宏大量的博多人，也是絕不會輕易饒過你的。

潛規則43

能說出五名以上鷹隊選手的名字

Hakata Rules

在博多．福岡這塊土地上，鷹隊的選手簡直擁有偶像般的超人氣。與身為職棒球迷的博多女性聊天之前，先將主力選手的名字與綽號背下來可說是不容小覷的常識。型男選手有馬原孝浩（在博多說ma君，指的不是樂天田中將大而是馬原）、川崎宗則與和田毅（川崎與和田已投效美國大聯盟……。我們博多人雖然會覺得寂寞，但會等到你們回來的那天！）。這些選手的特別之處在於擁有帥氣的外表，同時也具有被選為WBC世界棒球經典賽成員的實力。

許多博多人是抱著猶如家人或親戚的親切感來討論選手的故鄉或經歷的，鷹隊就像是「市民球團的榜樣」。不過，福岡那段長達十年沒有職業球團的苦澀過去也絕不能被遺忘，經過一段潛沉，大榮鷹隊總算在一九八九年誕生。將這支福岡球團帶往強隊境界，並成功奪取兩次聯盟冠軍的，正是眾人皆知的王貞治教練。王貞治教練在離開大榮鷹仍被視為福岡的英雄，至今人氣依然高居不下。雖然之後大榮鷹由軟體銀行接手，但對於熟悉那段空白歲月的博多人而言，只要球團能存續下去，哪管是何處的企業接手。

在雅虎巨蛋比賽時，鷹迷都會釋放條狀氣球，或是喝啤酒與燒酎，熱鬧地替鷹隊加油。雖說最近鷹隊戰績低迷，但是鷹迷胸中那股「明年一定要跳到那珂川（中洲）裡慶祝鷹隊得到冠軍！」的熱情卻仍滾燙不已。要是被邀去看球賽，就該效法這些熱情的球迷，一邊喝著酒，一邊鼓噪地為鷹隊盡力加油！

潛規則44

閱覽西體新聞
是業務員的基本功課

若問福岡縣內發行量最多、品質最佳的在地報紙，非西日本新聞社莫屬。這間報社在福岡市市中心、也就是福岡縣西半部擁有第一名的市佔率，不過，或許是受到分店經濟的影響（請參考第一五二頁），將範圍放大至福岡全域後，氣勢就略遜於以北九州為根據地的全國報紙。

相對的，由西日本新聞社發行的西日本體育報則將其他競爭者遠遠拋在後面。

西日本體育報的特徵，就是一到三頁全部都是福岡軟銀鷹的消息（他們可是大喇喇地宣稱自己刊載了最多的鷹隊情報，這也難怪，在地體育報當然會這麼做啊……）。其報導之偏頗，就連伊拉克戰爭爆發之際也只報導鷹隊的開幕戰，這也太過度照顧鷹迷那急切想了解鷹隊現況的心理了吧。

這份報紙後來才慢慢地增加了Avispa福岡、大分Trinita、Sagan鳥栖、Roasso熊本等足球報導，但百分之一百二十還是博多人喜歡的福岡與九州的內容。

只可惜，在福岡最受歡迎的Avispa福岡足球隊最近又從J1降格至J2，受關注程度也不如以往。性急的博多人本質上喜歡祭典，因此，只要Avispa福岡能變強，博多人一定也會熱愛比棒球還具速度感的足球。

在九州舉辦相撲比賽時，相撲的相關新聞也會跟著沸騰。正因為如此，閱讀西體新聞，吸收棒球與其他體育資訊才會是業務員的基本功課。向來不太關心體育資訊的博多初學者，尤其該養成每天早上閱讀西體新聞的習慣。

潛規則45

提到在地人氣節目，就想到「DO～MO」與「NIGHT SHUFFLE」

Hakata Rules

博多的地位宛如九州的東京，所以當地人能收看朝日電視台的九州朝日（KBC）、TBS系列的每日（RKB）、富士電視台系列的西日本電視（TNC）這類全國電視局的節目，這也是博多的特徵之一。

因此，黃金時段雖然被全國性的節目塞滿，但深夜時段，有一個採用在地藝人，受博多人支持至今的長壽綜藝節目存在，那就是博多人無不熟悉的節目「DO～MO」與「NIGHT SHUFFLE」。

「DO～MO」是於星期一～四深夜播放的KBC節目。節目進行方式是於攝影棚介紹特派員採訪所得的趣味影片，若以關西的角度來看，相當於是「偵探！Night Scoop」的九州版。

除了播放具有強烈綜藝色彩的節目，也企製由一般觀眾推薦的「美女生存淘汰賽」，還會播放戰爭特集（因為被投擲原子彈的長崎也位於九州）這種內容艱澀的節目。

播放「NIGHT SHUFFLE」的，是以「MENTAI WIDE」這項博多模式全開的午後資訊節目聞名的FBS福岡放送。「星期日的深夜就看NIGHT SHUFFLE」，是這個節目的宣傳口號。

節目的內容，包含特派員與來福岡做客的藝人一同探尋福岡美食的單元，或是主持人與特派員一同進行釣魚、快艇競賽、柏青哥等比賽單元，總之都是各種資訊綜藝節目的超強企劃。一旦進入棒球球季，還會出現軟銀鷹隊的相關報導，尤於是深夜在地節目，還能看到全國知名藝人的素顏或是小故事，是這個節目的受歡迎的祕密。

盡管是深夜節目，「DO～MO」已播放超過二十年，而「NIGHT SHUFFLE」也已超過十五年，兩者都堪稱長壽節目。若想對福岡的人氣在地藝人或流行體育資訊多點見識，請務必準時收看這兩個節目。

想了解福岡年輕人之間的流行話題
只需要翻閱在地雜誌「no!」
與收看資訊節目「DO～MO」！
no!
順帶一提，若問福岡男子最喜歡DO～MO個單元？答案肯定是
當然
天神區女性100連發!!
雖是介紹天神區女性的20分鐘超長單元，但介紹的都是超可愛的女生喲
而且節目裡肯定會出現熟人或是朋友！！
哪怕一年只有四次，真教人滿心期待啊
你也太著迷了吧
春夏秋冬都一直在等這個單元啊……

潛規則46

只要打開電視，沒有一天看不到山本華世的臉

你聽過山本華世這個人嗎？這個人在其他區域的知名度可能趨近於零！但，她可是博多超有名的在地藝人喲。除了在前一頁介紹的超長壽人氣在地節目「NIGHT SHUFFLE」與「DO～MO」登台，也於其他電視廣告演出，可說是每天都能在電視上看到她。

這位藝人的「代表作」是「山本華世的懷孕、生產日記特別節目」。這個特別節目於一九三三年播出，是由山本擔任特派員的「DO～MO」所企劃，內容則是從懷孕到產房直擊的記錄片。由於節目內容具有強烈的衝擊性，所以蔚為一時話題，最後甚至得到「日本民間放送聯盟獎電視娛樂節目最優秀大獎」。

此外，於TNC早晨資訊「百道濱商店」演出，地位猶如福岡「三野文太」的知名藝人是福田健次，也是虜獲福岡太太的超人氣偶像。與「DO～MO」導播結婚，並於二〇〇九年四月產子的齊藤HUMI、隸屬福岡吉本的Combat滿（CombatMan）以及Ken坊田中（健坊田中），也都是在地人非常熟悉的面孔。順帶一提，Ken坊田中與CUNNING竹山是小學同學，之前曾以「TA-坊Ken坊」之名組成搭擋出道。

此外還有很多類似博多華丸・大吉這對拍檔在全國爆紅之後，從福岡吉本事務所轉至東京吉本事務所的搞笑藝人。若有機會與博多人聊天，請務必將這些在地藝人的小道消息當成基本資料背下來喔！

潛規則47

博多以分店經濟支撐

博多不受東京流行所惑，獨力築起了高崇的地位。話雖如此，哪家企業足以代表博多經濟？這個問題總問得博多人支吾其詞。

若以規模大小來舉例，可舉出西鐵（西日本鐵道）、九電（九州電力）等得到公家許可基礎建設的寡佔企業，但讓人意外的是，竟然舉不出任何一家健全成長的企業。不，博多的經濟絕對未曾陷入停滯的狀態，之所以現況如此，重點在於博多經濟的組成結構。

博多是九州市場的據點，許多大企業都在博多設立分公司或分店，因此相較於在地企業，由其他地區的大企業所設立的分店反而在博多的經濟結構裡佔了絕大比例。這也是為什麼會形容博多的經濟是由分店經濟所支撐的原因。

順帶一提，若說博多有什麼健全的事業，就可列出一堆電子商務相關企業，其中包含銷售青汁的Q' SAI、銷售黑醋的YAZUYA、以及在博多比Japanet Takata的高田社長更有名氣的北社長（以在電視節目裡說出猶如繞口令般的「三萬九千八百元」而聲名大噪）所領軍的Toka堂。

其他還有於第二十一頁介紹的明太子專賣店「福屋」，以及和風淋醬始祖的「PIETRO」，有許多都是憑藉「個人」創意與才能持續成長的企業。沒錯，就如早期的博多商人一樣，博多企業多半不是憑藉著資本與規模存活，而是靠著「個人」的能力而爭一口氣。雖說分店經濟的勢力不斷擴張，但自古以來透過與大陸貿易所培育的商人之魂，如今依舊健在！

潛規則48

共同口號是「博多！真是好地方！」

為什麼博多總是敢大膽地說：「博多！真是好地方」呢？

不對，不只是博多人敢這麼說。總是與札幌爭奪最適合居住地區與最想調職地區龍頭的，莫非博多。其他地區投射過來的羨慕光線既耀眼又炙熱，「博多」一詞，為什麼讓人如此沉醉呢？

是的，你絕不會從博多人或住過博多的人的口中聽到「博多，爛透了」、「誰想住那種地方啊」的話，反倒對大阪或名古屋「頗有微詞」才對。

關於博多，只會聽到許多讚美或充滿鄉土愛的答案，例如食物便宜又美味、一般住家與大樓房租很合理、購物極為便利、近山面海，廣受大自然恩惠、人情味濃厚而開朗這類形容。

是的，博多人的自信就源自「適合居住」這一點。

雖然不是什麼出奇厲害的原因，但博多人就是喜歡「恰到好處就好」。

博多人最喜歡把博多形容成：「恰如其分的鄉村風與恰如其分的都會風（所以才讚！）」。

換句話說，他們覺得恰到好處最棒。再怎麼喜歡大自然，太鄉下會很不方便，人際關係也很封閉，反而不適合居住。從這點來看，博多的環境與人際關係同時具有適度的都會感與鄉村感。除了能享受凡事大而化之的氣氛，也能輕易接納新事物與外來客。平常除了可悠哉過活，又能享受祭典帶來的刺激感。一旦祭典結束，瞬間又能回到平常的生活。

鄉村與都會、節慶與平日、白晝與黑夜、靜與動、博多腔特有的威勢（強硬）與凡事包容的溫柔（柔和）。因為害羞而故意耍帥的男性與內心溫柔而堅強的博多女性，再再顯示博多是一處諸事萬物互相調和的土地。

博多雖不屬於「槍打出頭鳥」的社會，但搶眼的在地企業不多，是因為博多人在意的是均衡的生活模式。比起踩著他人屍體爭奪金錢與名譽，博多人更希望與日本中心（東京）保持良好均衡的關係，維持多元豐富的生活。

這也是於東京「闖出名號」的商人與藝人，仍如此熱愛博多這個故鄉的理由。

最近以競爭為主軸的資本主義經濟常被點出負面的部分，然而博多人與博多或許早就先一步看透這一切了。

或許正因為如此，博多人才不對東京的名牌與流行抱有幻想或卑恭屈膝，也能以「九州國之長」之姿，伴著獨有的步伐高唱人生。

疲於自卑的日本人所憧憬的一切，全部可在博多這塊土地找到。

我是東 京太郎 從東京調職來博多
博多的優點 雖然說也說不完……
東！這種業績是怎麼回事啊？
你是為什麼調去福岡的啊？腦袋長哪去了？？
真、真是對不起
但也有這麼痛苦的時候
不用那麼煩惱
我最了解京太郎有多麼厲害了
不多吃一點就沒有力氣了，我為你作了很多好菜喲！
東先生 請不要太在意啦！
這時候就該吃遍博多美食喝盡博多美酒啊！
※公司的同事
抱歉
博多會挺你的 別太擔心了
人情溫暖 街道溫暖
沒事了 沒事了
我好想大喊一句
博多！真是好地方啊！

註釋

1 獲得江戶幕府將軍特許從事海外貿易、並發給許可證的船隻。許可證載錄航行目的地、批准日期等訊息，並蓋有將軍的紅色官印，所以稱為朱印狀，朱印船之名亦由此而來。

2 比一般醬油更濃、黏稠，適合沾生魚片的醬油。

3 各地諸候之意。

4 原文為「つやつけとう」，有增加光澤之意。

5 丸天是一種類似圓形甜不辣的食物，一樣以魚漿製成。

6 原文為タモリ，是一位日本搞笑藝人。

7 日文原文為焼鳥（やきとり），其中的「鳥」為雞肉之意。

8 原文為ウーロンハイ，又寫作烏龍ハイ。

9 原文為サワー，指低酒精濃度的酸甜飲品。

10 指卡魯哇甜酒加牛奶的飲料。

11 第一個字是英文字母的O，O157是O抗原為編號157的大腸桿菌，屬於腸道出血性大腸桿菌，蘿蔔嬰曾於堺營養午餐中毒事件被認為是造成食物中毒的原凶。

12 原文為つやつけもん。

13 日本所謂的反省會，是指公司或團體在舉行比賽或是活動之後，為了討論、回想其內容與結果之好壞的一種集會。另外也有以反省為口號的慰勞餐會之意。

14 原文為こりょんさん。

15 意指擁有日本傳統美德，溫柔謙和的日本女性。

16 日文的發音為komaru，與komamaru極為相近。

17 夏季避暑酒會。

18 指酒的意思。守酒戒的僧侶所使用的暗語。

19 可繼承將軍大位的三個家族，分別為尾張德川家、紀州德川家與水戶德川家。這裡使用這個詞，以烘托這三所高中的地位高崇。

20 英國的利物浦市每年都會舉辦利物浦音樂節。

21 日本最大的藝人經紀公司，旗下有許多知名的搞笑藝人。

22 早慶分別為早稻田大學與慶應大學，都是日本非常知名的一流學府。

23 意指學系多元、校地廣闊、學生人數眾多的大學。

24 日文裡的締(しめ、sime)有收尾的意思。

25 大發會與大納會：大發會於年初舉行，希望股價能就此上漲。通常大發會舉辦的當天，股價都會上漲。大納會則於年末舉行，股價通常會於此時止跌回昇。

26 祭典時穿的短外掛。

27 新手。

参考文献

《博多学》岩中祥史著（新潮文庫）
《博学博多 ふくおか深発見》西日本新聞社編（西日本新聞社）
《博多華丸・大吉式 ハカタ語会話》博多華丸・大吉編（マイクロマガジン社）
《転勤・出張族のための九州・沖縄学》日本経済新聞社西部支社編（日本経済新聞社）
《福岡ベストガイド 二〇〇九年版》（成美堂出版）

國家圖書館出版品預行編目(CIP)資料

別傻了 這才是博多：屋台·拉麵·耍帥愛逞強……
48個不為人知的潛規則 / 都會生活研究專案著；許郁文譯·
——初版·——新北市：遠足文化，西元 2016.04
——(浮世絵；10) 譯自：博多ルール
ISBN 978-986-92775-0-1（平裝）

1. 生活問題 2. 生活方式 3. 日本福岡市

542.5931 105000532

浮世絵10——博多
別傻了 這才是博多
屋台·拉麵·耍帥愛逞強……
48個不為人知的潛規則

作者	都會生活研究專案
譯者	許郁文
總編輯	郭昕詠
責任編輯	賴虹伶
編輯	王凱林、徐昉驊、陳柔君、黃淑真、李宜珊
通路行銷	何冠龍
封面設計	霧室
排版	健呈電腦排版股份有限公司
社長	郭重興
發行人兼	
出版總監	曾大福
出版者	遠足文化事業股份有限公司
地址	231 新北市新店區民權路 108-2 號 9 樓
電話	(02)2218-1417
傳真	(02)2218-1142
電郵	service@bookrep.com.tw
郵撥帳號	19504465
客服專線	0800-221-029
部落格	http://777walkers.blogspot.com/
網址	http://www.bookrep.com.tw
法律顧問	華洋法律事務所 蘇文生律師
印製	成陽印刷股份有限公司
電話	(02)2265-1491

初版一刷 西元 2016 年 4 月
Printed in Taiwan